Wolfgang Kraska

Engel, Hirten, Könige?

24 Entdeckungen in der Weihnachtsgeschichte

SCM
R.Brockhaus

SCM

Stiftung Christliche Medien

Der SCM Verlag ist eine Gesellschaft der Stiftung Christliche Medien, einer gemeinnützigen Stiftung, die sich für die Förderung und Verbreitung christlicher Bücher, Zeitschriften, Filme und Musik einsetzt.

Internet: www.scmedien.de; E-Mail: info@scm-verlag.de

Ulrich Parzany (S. 11), aus: Andreas Benda (Hrsg.), Werkbuch Weihnachten, Brunnen Verlag 1981.

Die Bibelverse wurden, wenn nicht anders angegeben, folgender Ausgabe entnommen:
Gute Nachricht Bibel, revidierte Fassung, durchgesehene Ausgabe in neuer Rechtschreibung, © 2000 Deutsche Bibelgesellschaft, Stuttgart.
Außerdem wurde verwendet:
Lutherbibel, revidierter Text 1984, durchgesehene Ausgabe in neuer Rechtschreibung, © 1999 Deutsche Bibelgesellschaft, Stuttgart. (LUT)

Umschlaggestaltung: denksportler, Jürgen Hetz
Titelbild: CSA Plastock/iStockphoto.com
Satz und Innenillustration: Christoph Möller, Hattingen
Druck und Bindung: Finidr s.r.o.
Gedruckt in Tschechien
ISBN 978-3-417-26656-6
Bestell-Nr. 226.656

20. Wie bereits gesagt … 122
21. Gottes Zukunft findet statt 130
22. Kopf hoch – Augen auf – wach bleiben 137
23. Die größte Systemumstellung aller Zeiten 144
24. Platz für alle in der Herberge 152

Inhalt

Weihnachtszeit ist Märchenzeit 5
1. Wie finden Sie Weihnachten? 9
2. Ganz und gar unheilige Besucher 16
3. Ehrliche und sympathische Kerle 22
4. Anbetung – das Ziel der langen Reise 28
5. Weiße Weihnachten – dieses Jahr ganz bestimmt! 34
6. »Jungfrauengeburt«: Muss man daran glauben? 39
7. Sollte Gott etwas unmöglich sein? 44
8. »Gottes Geist wird über dich kommen« 49
9. Maria – eine beeindruckende Christin 55
10. Eine Zumutung für jeden Mann 62
11. Josef – Randfigur oder Heiliger? 67
12. Ein Junge zwischen zwei Vätern 72
13. Jesus – der einzige Weg zu Gott? 77
14. Das Wort der Schöpfung wurde Mensch 83
15. Danke, wir brauchen nichts! 89
16. Engel fliegen nicht wie Batman! 96
17. Hirten, Huren, Zollbetrüger 103
18. Es geht dem Teufel an den Kragen 110
19. Gehaltserhöhung zu Weihnachten 116

Weihnachtszeit ist Märchenzeit

Für Kinder und ihre Eltern gehören sie zu Weihnachten einfach dazu, die alten Märchen von Hänsel und Gretel, von Schneewittchen und dem Froschkönig. Wer nicht eine der zahlreichen Theateraufführungen besuchen möchte, wird im Fernsehen reichlich Auswahl finden. Auch moderne Märchenfilme vom Weihnachtsmann oder Santa Claus fehlen natürlich nicht. Trotzdem bleibt für viele die Geschichte vom Jesuskind in der Krippe, von den Engeln, den Hirten und den Weisen aus dem Morgenland die schönste aller Weihnachtsgeschichten. Einfach wunderbar. Und so anrührend. Ein Märchen wie viele andere?

Ich fürchte, zu einem großen Teil muss man die Frage leider mit »Ja« beantworten. Die biblischen Berichte über Weihnachten sind massiv überlagert und übermalt durch Volksfrömmigkeit, kirchliche Tradition oder auch eigene Vorstellungen. Machen wir uns nichts vor: Es gibt Geschichten, die sind so schön, dass es den Leuten eigentlich egal ist, ob sie wahr sind oder nicht. Der Bericht des Evangelisten Matthäus über die Ankunft der Weisen aus dem Morgenland gehört dazu. Ein Stern, der in der Dunkelheit den Weg weist – wie romantisch! Fremd wirkende, weit gereiste Ausländer, wohlriechende Kräuter, herrliche Geschenke – wie exotisch! Und das alles im Stall von Bethlehem – das riecht geradezu nach Weihnachten.

Wen wundert es da, dass die Volksfrömmigkeit vieles über den Bibeltext hinaus zu erzählen weiß. So sind z.B.

aus völlig unbekannten Männern die »Heiligen Drei Könige« mit Namen Balthasar, Melchior und Kaspar geworden, und gerade sie leben im Brauchtum üppig weiter. Ist es nicht erstaunlich, dass man dieser biblischen Geschichte, die ja eher eine Episode am Rande darstellt, einen eigenen Feiertag gewidmet hat? Aus theologischer Sicht betrachtet gäbe es viele Begebenheit in den Evangelien, die weitaus bedeutender sind. Aber das interessiert eigentlich niemanden. Wollte man jedoch nachfragen, wer denn ernsthaft überzeugt ist, dass die Geschichte sich tatsächlich so abgespielt hat, würde man wohl meist auf mitleidiges Lächeln stoßen.

Andere Berichte, etwa der von der »Jungfrauengeburt« oder richtiger: von der jungfräulichen Empfängnis Marias, werden achselzuckend ignoriert. Die Heiligen Drei Könige gehören einer fremden, exotischen Welt an, mit der wir uns nicht so richtig auskennen. Aber wie das mit dem Kinderkriegen vor sich geht, darüber wissen wir Bescheid. Da macht man uns so schnell nichts vor. Und so verziehen die in der Regel nur das Gesicht zu einem vielsagenden Grinsen.

Die Geburt von Jesus ist also für uns und unsere Zeitgenossen von vornherein mit Fragezeichen und strittigen Behauptungen überschattet. Wen wundert es, dass auch das, was später noch über ihn berichtet wird, auf große Skepsis stößt, etwa seine Auferstehung von den Toten oder seine Himmelfahrt. Oder sein Sterben, das Rettung für die Welt bedeuten soll. Irgendwie klingt das alles sehr mythisch und unglaubwürdig. Nichts für denkende Menschen unserer aufgeklärten Welt. Das gilt auch für Weihnachten. Aber was soll's? Solange Weihnachten so nett und gemütlich ist, kann es uns auch egal sein, was wirklich dahinter steckt. Hauptsache, es macht Spaß. So genau wollen wir es auch gar nicht wissen.

Oder etwa doch? Interessiert es Sie vielleicht doch, wie die biblischen Berichte zu verstehen sind und auch für skeptische Zeitgenossen nachvollziehbar und glaubhaft werden? Dann gehören Sie zu den Menschen, für die dieses Buch gedacht ist.

Lassen Sie uns miteinander auf Spurensuche gehen, was Weihnachten wirklich passiert ist. Dazu müssen wir die vertrauten Krippenfiguren allerdings abbeizen und ohne ihre bunten Lackierungen betrachten. Sie werden merken, es sind Menschen aus Fleisch und Blut, Menschen wie Sie und ich. Und auf einmal werden sie uns zu Freunden und bringen uns das Wunder von Weihnachten ganz neu nah. Abbeizen und neu hinschauen lohnt sich, denn dann werden wir aus gutem Grund fröhliche, ja mehr noch, gesegnete Weihnachten feiern können.

1. Wie finden Sie Weihnachten?

»Öffnet euch weit, ihr ehrwürdigen Tore! Der König will einziehen, dem alle Macht gehört!«
»Wer ist dieser mächtige König?«
»Es ist der Herr, der Starke und Gewaltige! Der Herr, der Sieger in jedem Kampf! – Öffnet euch weit, ihr ehrwürdigen Tore! Der König will einziehen, dem alle Macht gehört!«
»Wer ist dieser mächtige König?«
»Es ist der Herr über Himmel und Erde! Er ist der höchste König, ihm gehört alle Macht!«

Psalm 24,7-10

Wie finden Sie Advent und Weihnachten? Ich meine: Mögen Sie das ganze Drumherum? Freuen Sie sich auf diese Zeit mit ihrer besonderen Stimmung, den Lichterketten, der besonderen Duftmischung aus Bratapfel und Zimt in der Innenstadt? Mögen Sie die Weihnachtslieder beim Sockenkauf, die vielen Menschen an der Kasse, die einen hautnah erleben lassen, dass etwas Besonderes in der Luft liegt? Das hat ja etwas, und man kann es ja durchaus schön finden. Muss man aber nicht!

Den Kopf voller Sorgen?

Die frohe Botschaft für alle Weihnachtsmüden lautet: Sie müssen nicht Weihnachten feiern! Wir werden ausdrücklich aufgefordert, das Abendmahl zu feiern. Wir lesen von der

Urgemeinde, dass sie den Auferstehungstag Jesu feiert, den Sonntag. Aber Weihnachtsfeiern kommen nicht vor. Weihnachten ist total freiwillig. Wir bringen Gott kein Speiseopfer, wenn wir Spekulatius verzehren, und nirgends werden wir aufgefordert, unsere Häuser mit Tannengrün auszustatten, um eine Art Laubhüttenfest im Wohnzimmer feiern zu können. Also geben wir es zu: Wir feiern Advent und Weihnachten so lang und üppig, nicht weil Gott es geboten hätte oder weil Jesus dabei besonders geehrt würde, sondern weil wir daran Freude haben. Das heißt aber auch: Der Glaube nimmt wahrhaftig keinen Schaden, wenn sich die heimelige Adventsstimmung nicht so richtig einstellen will.

Vielleicht geht es Ihnen ja eher so: Sie haben den Kopf voller Gedanken und Sorgen, wie es wohl weitergeht mit Ihrer Arbeit, ob nicht demnächst auch Ihr Betrieb geschlossen wird, Ihr Arbeitsplatz wegrationalisiert wird. Sie haben zurzeit eigentlich nur Ihre Krankheit im Sinn und was Sie dagegen wohl tun können. Sie sind am Boden zerstört, weil Ihre Freundschaft zerbrochen ist oder Ihre Ehe vor dem Aus steht. Sie fragen sich, wie man angesichts der täglich neuen Terrormeldungen Weihnachten feiern soll. Na dann: Fröhliche Weihnachten! Denn Sie haben durchaus gute Chancen, dass es dieses Jahr so richtig Weihnachten bei Ihnen wird.

Die Ungemütlichkeit der Welt

Ich meine das keineswegs zynisch, und ich will schon gar nicht Ihre Nöte einfach übergehen. Im Gegenteil. Aber machen wir uns doch einmal klar, wie das damals war, als Jesus geboren wurde. Ulrich Parzany hat das einmal phantasievoll ausgemalt: »Es waren Tage voller Hektik. Die römische Besatzungsmacht hatte eine Volkszählung zum Zwecke der Neufestsetzung der Steuern angeordnet. An jeder Straßenkreuzung römische Militärkontrollen. Reine Schikane, dass alle Leute sich an ihrem Geburtsort registrieren lassen sollten. Wut lag in der Luft. Die Menschen ballten die Fäuste in der Tasche. Und die jüdischen Terroristen – die Zelotenbewegung – nahmen die Gelegenheit wahr, ein paar Kollaborateure meuchlings zu ermorden. Die Straßen waren nicht sicher – vor allem nicht nach Einbruch der Dunkelheit. Viele machten dabei Bombengeschäfte. Die Hotels waren überfüllt. Jeder Schuppen wurde zu Wucherpreisen vermietet.« Zu Recht gibt er seinen Ausführungen die Überschrift »Unsere Welt – eine typische Weihnachtswelt«.

Gott wird ja nicht Mensch, um uns ein paar Tage voller sentimentaler Stimmung zu bescheren. Weihnachten feiern wir ja nicht trotz der Krisen und Konflikte in dieser Welt und nicht trotz Stress, Streit und Hektik in unseren Familien. Sondern gerade deswegen. Das Thema von Weihnachten ist nicht die Gemütlichkeit, sondern die Ungemütlichkeit der Welt. Wenn alles in Ordnung wäre, wenn wir in einer heilen Weihnachtswelt lebten, hätte Gott seinen Sohn überhaupt nicht den Weg auf die Erde und ans Kreuz zumuten müssen.

Noch so viele Fragen

Gott kommt in diese Welt, weil sie krank ist und es in ihr finster aussieht. Er kommt zu den Menschen mit ihrer Ratlosigkeit und Widersprüchlichkeit, Dummheit und Arroganz, mit Not und Schuld. Gott kann es nicht länger mit ansehen, dass wir uns selbst einen Reim auf das Leben machen und dabei scheitern. Er mischt sich ein, um aufzuzeigen, wie er das Leben gemeint hatte, als er uns erschuf, und was davon heute noch drin ist, wenn wir nur wieder zu ihm zurückfinden. Deshalb schickt er Jesus. Deshalb wird er einer von uns und macht all das durch, was uns das Leben so unerträglich erscheinen lässt. Bis zum bitteren Ende. Bis zum Verrecken am Kreuz.

Es gibt aber nicht nur die oben beschriebene Blockade, dass der Heile-Welt-Rummel, der um Weihnachten gemacht wird, nicht zu ihrer Lebenssituation passt. Es kann ja auch sein, dass Sie zu der Botschaft und den Inhalten von Weihnachten einfach keinen Zugang finden. Gott wird Mensch, von einer Jungfrau geboren – und das alles mit dem Ziel, die Welt zu retten. Das ist schon einiges an Zumutung für unseren Verstand, und ich kann verstehen, wenn Sie damit nicht klarkommen. In den folgenden Kapiteln werden Sie deshalb ja auch zu vielen der schwierigen Aspekte Gedankenanstöße und Argumente bekommen, »Futter fürs Hirn«. Aber letztlich ist das nicht der Weg, der einem Weihnachten wirklich nahebringt. Dazu braucht es noch einen anderen Zugang.

Ein anderer Zugang

Kennen Sie Steckwürfel für kleine Kinder? Solch ein Würfel hat verschiedene Ausschnitte wie Kreis, Dreieck und Quadrat. Dazu gibt es entsprechende Figuren, die immer nur genau durch einen der Ausschnitte gesteckt werden können. Die Kinder lernen auf diese Weise die verschiedenen geometrischen Formen kennen. Was sie auch lernen, ist, dass man nicht alles Beliebige durch die Ausschnitte stecken kann. Der kleine Teddy passt einfach nirgends hindurch.

Manchmal habe ich den Eindruck, dass wir Menschen mit der Frage nach Gott ähnlich umgehen wie die Kinder mit ihrem Teddy. Wir haben verschiedene Möglichkeiten, etwas zu erkennen und in uns aufzunehmen. Das sind vor allem unser Verstand, die Sinnesorgane und unsere Emotionen. Diese Zugänge sind wie die Ausschnitte beim Steckwürfel. Was nicht durch eine dieser Schablonen passt, lassen wir nicht in uns hinein. Aber bei Gott will das einfach nicht gelingen. Er ist zu groß, zu andersartig. Er passt nicht hindurch. Dabei wäre es durchaus attraktiv, an Gott glauben zu können. Aber als denkender Mensch kann man sich doch nicht auf etwas einlassen, das man nicht zweifelsfrei beweisen kann. Oder doch? Es gibt tausend Gründe, an Gottes Existenz zu zweifeln. Die Frage ist: Wie genau muss alles bewiesen sein, damit ich glauben kann? Wieviel Zweifel kann ich tolerieren, um mich auf Gott einzulassen?

Sich öffnen für das Geheimnis

Lassen Sie mich noch einmal auf den Steckwürfel zurückkommen. Ein kleines Kind hat mir nämlich etwas Wichtiges beigebracht. Es machte den Würfel einfach auf. Und siehe da, auf einmal passte der Teddy doch hinein. – Sich öffnen, das ist der Weg! Die übernatürliche Wirklichkeit Gottes erschließt sich nicht, indem wir ein logisches Fazit ziehen. Es kann aber passieren, dass Gott selbst sich uns offenbart, den Schleier lüftet, uns eine Begegnung mit sich schenkt. Wenn wir uns danach sehnen, uns darauf einlassen und dafür öffnen. Dann ist auf einmal klar, dass Gott da ist. Auch wenn der Verstand längst nicht auf alle Fragen eine Antwort hat. »Macht hoch die Tür, die Tor macht weit …« Nicht umsonst gehört die Aufforderung, sich zu öffnen, seit Jahrhunderten zum Beginn der Advents- und Weihnachtszeit.

Die Adventszeit bietet uns die Chance, über die Bedeutung von Weihnachten nachzudenken. Ich kann offene Fragen klären. Ich kann durchbuchstabieren, was Gottes Ankunft in dieser Welt für mich und mein Leben bedeutet. Ich kann mir Zeit nehmen zum Lesen und Nachdenken, zum Singen und Musikhören und nicht zuletzt zum Beten. Und wenn das bei Spekulatius, Tannenduft und Kerzenschein besser gelingt – warum nicht. Aber ich will dieses Jahr einen echten Grund haben, Weihnachten zu feiern. Ich will Jesus feiern, weil ich ihn neu verstanden habe und er mir nahe gekommen ist.

Macht hoch die Tür, die Tor macht weit;
es kommt der Herr der Herrlichkeit,
ein König aller Königreich,
ein Heiland aller Welt zugleich,
der Heil und Leben mit sich bringt;
derhalben jauchzt, mit Freuden singt:
Gelobet sei mein Gott,
mein Schöpfer reich an Rat.

Georg Weißel (1623)

2. Ganz und gar unheilige Besucher

Jesus wurde in Bethlehem in Judäa geboren, zur Zeit, als König Herodes das Land regierte. Bald nach seiner Geburt kamen Sterndeuter aus dem Osten nach Jerusalem und fragten: »Wo finden wir den neugeborenen König der Juden? Wir haben seinen Stern aufgehen sehen und sind gekommen, um uns vor ihm niederzuwerfen.« Als König Herodes das hörte, erschrak er und mit ihm ganz Jerusalem. Er ließ alle führenden Priester und Gesetzeslehrer im Volk Gottes zu sich kommen und fragte sie: »Wo soll der versprochene Retter geboren werden?« Sie antworteten: »In Bethlehem in Judäa. Denn so hat der Prophet geschrieben: ›Du Bethlehem im Land Juda! Du bist keineswegs die unbedeutendste unter den führenden Städten in Juda, denn aus dir wird der Herrscher kommen, der mein Volk Israel schützen und leiten soll.‹« Daraufhin rief Herodes die Sterndeuter heimlich zu sich und fragte sie aus, wann sie den Stern zum ersten Mal gesehen hätten. Dann schickte er sie nach Bethlehem und sagte: »Geht und erkundigt euch genau nach dem Kind, und wenn ihr es gefunden habt, gebt mir Nachricht! Dann will ich auch hingehen und mich vor ihm niederwerfen.«

Matthäus 2,1-8

Astronomen unserer Zeit können uns heute recht plausibel erklären, was es mit dem Stern von Bethlehem auf sich hat und was sich zur Zeit der Geburt Jesu am Himmel abgespielt haben muss: Die Planeten Jupiter und Saturn standen so beieinander, dass sie, von der Erde aus betrachtet, wie ein einziger, besonders heller Stern aussahen. Tatsächlich waren die beiden Planeten natürlich unendlich weit voneinander entfernt. Ein seltenes optisches Phänomen also, vergleichbar mit einer Sonnenfinsternis. Mehr nicht. Nun kann man sich natürlich – immer dem hellen Stern hinterher – von Osten aus in Richtung Westen auf den Weg machen. Eine grobe Richtung ergibt das schon. Aber wie bitteschön soll eine solche Himmelserscheinung einen Weg präzise bis zu einem Stall in einem kleinen Dorf weisen können? Und wie soll man es sich vorstellen, dass der Stern über dem Haus stehen blieb, wie Matthäus berichtet?

Ein Bericht mit vielen Fragezeichen

Doch nicht nur naturwissenschaftlich denkende Menschen haben Probleme mit der alten Geschichte. Auch bewussten Christen macht sie beim näheren Nachfragen erhebliche Mühe. Irritiert fragen sie sich, ob denn das Schicksal vielleicht doch in den Sternen zu lesen ist? Hat Gott die Geschichte – vielleicht sogar meine persönliche Biografie – dort irgendwie auf geheimnisvolle Weise festgeschrieben? Dann könnte ja an Horoskopen doch etwas dran sein, zumindest an den seriösen in meiner Tageszeitung? Aber wie reimt sich das mit der scharfen Verurteilung solcher Praktiken im Alten Testament? Sterndeuterei wird dort als Götzendienst und schwere Sünde bezeichnet. Die Propheten kündigen dem Volk in Gottes Auftrag schwerste Strafen an, wenn sie sich an so etwas beteiligen (5. Mose 4,19;

Jeremia 8,2 u.a.). Steht der Bericht des Matthäus dann nicht im Widerspruch zum Alten Testament?

All unsere Fragen und Verlegenheiten haben ihre Ursache keineswegs im biblischen Bericht, sondern in dem, was menschliche Fantasie und Tradition daraus gemacht haben. Der Originalbericht des Matthäus ist weder in der Sache unglaubwürdig noch steht er im Widerspruch zur sonstigen Bibel. Allerdings muss man dazu die vielen Gold- und Lackschichten entfernen, mit denen der Bibeltext im Laufe der Jahrhunderte übermalt worden ist. Mag sein, dass das Märchen von den »Heiligen Drei Königen« dabei auf der Strecke bleibt. Die Bibel jedenfalls hält beizendes Nachfragen allemal aus! Aber sobald wir die Legenden weglassen und unter der Krippenmalerei die biblischen Gestalten freilegen, entdecken wir echte Menschen aus Fleisch und Blut – und in ihnen vielleicht sogar uns selbst.

Heidnische Horoskopemacher

Setzen wir also den Spachtel an und hören den Bericht einmal mit jüdischen Ohren. Dann werden wir bald entdecken, dass die Reisenden aus dem Osten alles andere als heilige Männer waren. Sie gehören keineswegs zu den von Gott bestimmten Mitwirkenden seiner Geschichte wie etwa Maria und Josef oder später Petrus und Paulus. Sie sind bestenfalls Zuschauer. Aber mehr noch! Für jüdisches Denken sind sie Sünder der allerschlimmsten Sorte. Wo die Übersetzungen beschönigend von »Weisen« reden, steht in Wahrheit das Wort »magoi«. Magier sind sie, Sterndeuter, Ungläubige, heidnische Dunkelmänner der allerschlimmsten Sorte. Horoskopemacher aus dem persisch-babylonischen Kulturkreis. Was sie tagtäglich in ihrem Beruf tun, ist für Gott ein Gräuel, und einem jüdisch geprägten Leser des Matthäusevangeliums muss sich der Magen umgedreht haben, wenn er sich vorstellt, dass solche Finsterlinge, solche total Unheiligen am Kinderbett ihres Messias gestanden haben. Der Bibeltext erwähnt auch nichts davon, dass sie Könige gewesen seien, und auch die Zahl drei ergibt sich noch lange nicht aus den drei Geschenken Gold, Weihrauch und Myrrhe. Kein Staatsbesuch also in Bethlehem, keine große Gesandtschaft mit Sänften, Dienern, Kamelen und orientalischem Prunk. Viel wahrscheinlicher ein paar Männer mit dicken Rändern unter den Augen, die von etlichen Nachtwanderungen schmutzig und erschöpft sind.

Leute, wie Jesus sie mag

Aber was bleibt dann? Aus welchem Holz sind denn die Männer geschnitzt, die da unter dem Lack erscheinen? Es sind ganz normale und typische Leute der damaligen Zeit. Leute, die weit weg sind von Gott. Und damit gehören sie zu den typischen Adressaten des Evangeliums. Sie sind Leute, wie Jesus sie mag. Der erwachsene Jesus wird sich gerade an solche Menschen wenden, und diese Zielrichtung zeichnet sich bereits bei seiner Geburt immer wieder deutlich ab. Auf den Punkt gebracht könnte man sagen: Den Huren und Zöllnern beim erwachsenen Jesus entsprechen die Magier und auch die Hirten, wie wir noch sehen werden, an seinem Kinderbett. »Jesus in schlechter Gesellschaft« – und das von Anfang an!

Genau das aber ist die gute Nachricht, die Weihnachten für uns so wertvoll macht. Gott kommt zu den Menschen, und zwar zu den real existierenden Menschen, den Sündern. Niemand ist so weit weg, dass Gott ihn nicht erreichen und einladen möchte. Sein Heil gilt aller Welt, auch den »Heiden«, die so gut wie nichts von ihm wissen und seine Existenz bestenfalls erahnen. Die heidnischen Sterndeuter gehören aus menschlicher Sicht zu den Extremen. Aber Gott schließt niemanden aus. Im Gegenteil.

Als Jesus in Juda und Galiläa unterwegs war, waren die Etablierten, die theologisch Gebildeten und die traditionell Frommen in der Regel seine Gegner. Menschen jedoch, die niemand in seinem Umfeld vermutet hätte, ließen sich von ihm den Weg zeigen zu einer geordneten Beziehung mit Gott. Der König und Kindermörder Herodes auf der einen und die Sterndeuter auf der anderen Seite – diese ungleiche Paarung wird uns in den Evangelien immer wieder begegnen.

Dies ist der Tag, den Gott gemacht;
sein wird in aller Welt gedacht;
Ihn preise, was durch Jesus Christ
im Himmel und auf Erden ist.

Die Völker haben dein geharrt,
bis dass die Zeit erfüllet ward;
Da sandte Gott von seinem Thron
das Heil der Welt, dich, seinen Sohn.

Christian Fürchtegott Gellert (1757)

3. Ehrliche und sympathische Kerle

Nachdem sie vom König diesen Bescheid erhalten hatten, machten sich die Sterndeuter auf den Weg. Und der Stern, den sie schon bei seinem Aufgehen beobachtet hatten, ging ihnen voraus. Genau über der Stelle, wo das Kind war, blieb er stehen. Als sie den Stern sahen, kam eine große Freude über sie. Sie gingen in das Haus und fanden das Kind mit seiner Mutter Maria.

Matthäus 2,9-11a

Ich gebe zu, im vorigen Kapitel habe ich die negative Seite der Magier ziemlich stark betont – um des Abbeizens willen. Diese Männer sind mir nämlich in Wahrheit viel sympathischer, als man aufgrund des bisher Gesagten vermuten könnte. Es sind zumindest ehrliche Kerle, die eine tiefe und echte Sehnsucht im Herzen haben. Sie wissen, dass es mehr zwischen Himmel und Erde gibt, als unsere Schulweisheit sich träumen lässt. Sie ahnen zumindest, dass es einen Gott gibt, dem diese Welt gehört und der bisweilen überraschend konkret in die Geschichte hineinwirkt. Sie geben sich nicht zufrieden mit dem, was sie sich selbst sagen können, sondern suchen unerbittlich nach der Wahrheit. Auch wenn sie noch sehr vage und ziemlich zufällig im Nebel herumtasten. Diese Suche ist ihnen eine beschwerliche Reise und kostbare Geschenke wert.

Gott hat keine Berührungsängste

Auch heute stochern viele Menschen genauso ernsthaft und zugleich hilflos im zähen Brei fragwürdiger Religiosität herum. Es muss doch noch etwas anderes geben als Arbeiten, Geld verdienen, Essen und Trinken. Die Sehnsucht nach Gott hat viele Masken. Egal, wie sie bei uns aussieht – Gott jedenfalls sieht nicht nur die Fassade an, sondern schaut uns Menschen ins Herz. Und wo er bei uns diese Sehnsucht nach ihm, nach dem wirklichen Gott entdeckt, da knüpft er an und holt uns ab. Niemand, nicht einmal ein heidnischer Magier, ist so weit von Gott weg, dass er nicht einen Anknüpfungspunkt in seinem Leben finden könnte.

Gott hat keine Berührungsängste. Er ist sich nicht zu schade, die wirren okkulten Vorstellungen dieser Männer zu benutzen, um sie nach Bethlehem zu seinem Sohn zu führen. Selbst bei Prostituierten und korrupten Römerfreunden wie Zachäus und eben den religiös völlig abwegigen Magiern hat Gott noch Möglichkeiten. Und haben solche Leute erst einmal seine Hand ergriffen, dann lässt er sie selbstverständlich nicht in ihrem Nebel, sondern führt sie behutsam Stück für Stück auf festen Boden – Schritt für Schritt hinein ins Reich Gottes. So auch die Sterndeuter aus der Weihnachtsgeschichte.

Die Bibel hilft weiter

Wie wenig präzise der Stern den Magiern den Weg gewiesen hat, zeigt sich daran, dass die nächste Stufe der Führung auf ganz andere Weise erfolgt: durch die Bibel nämlich.

Die jüdischen Schriftgelehrten wissen aus Micha 5,1, dass der erwartete Messias in Bethlehem geboren werden soll. Sie geben eine sachlich richtige Auskunft und haben doch selbst nicht begriffen, was die Stunde geschlagen hat. Für die Magier aber ist diese Information ungemein wertvoll. Ohne das Wort aus dem Alten Testament wären sie immer weitergelaufen und hätten schließlich ratlos an der Küste des Mittelmeers gestanden.

Das ist bis heute so geblieben. Es gibt keine wirkliche Begegnung mit Gott, kein wirkliches Finden Gottes und seines Sohnes Jesus an der Bibel vorbei. Genau an dieser Stelle aber liegt das Problem vieler Menschen. Sie haben gewisse religiöse Erfahrungen gemacht, die man gar nicht in Abrede stellen muss. Sie haben etwas Schemenhaftes hinter dem Vorhang dieser Welt gesehen und ahnen, dass es dahinter ein Jenseits gibt und dort der Gott dieser Welt, ihr Schöpfer, wohnt. Aber so lange sie diese Erfahrung bereits für das Eigentliche halten und immer wieder pflegen, werden sie nie ans Ziel kommen. Vielleicht sind sie sogar davon überzeugt, ihr Suchen sei bereits die höchste Stufe, die ein Mensch überhaupt erreichen könne. Aber das ist ein Irrtum. Es ist vielmehr so, als wollten die Magier ein Leben lang – immer den Blick auf den Stern fixiert – träumend durch die Nacht irren. Das mag man ja aufregend und romantisch finden. Aber die gewaltige Freude, die sie damals und viele Menschen nach ihnen erlebt haben, die erfährt nur, wer über das Suchen hinauskommt und Gott in Jesus wirklich findet.

Wer führt die Reisenden eigentlich?

Ziehen wir eine kleine Zwischenbilanz: Nach dem Stern, der Israel als grobe Richtung anzeigte, werden die Magier durch ein Bibelwort auf den Ort Bethlehem verwiesen. Doch auch dort gibt es viele Häuser, die infrage kommen. Was verbirgt sich nun hinter der Aussage des Matthäus, der Stern sei über dem Haus stehen geblieben, in dem sich das Kind befand? Jeder, der schon einmal Sterne am Himmel beobachtet hat, weiß, dass sie niemals präzise über einem bestimmten Punkt stehen. Außerdem bewegen sie sich so langsam, dass ein »Stehenbleiben« im physikalischen Sinn gar nicht registriert werden könnte. Wir haben es beim Licht des Sterns ja auch nicht mit einem modernen Laserstrahl zu tun, der punktgenau einen bestimmten Türgriff markiert. Auch hier gehören unsere ach so menschlichen Krippendarstellungen, bei denen der Stern gleich am Dach festgenagelt ist, wieder zu den Übermalungen, die es abzukratzen gilt, will man das Geschehen verstehen.

Wir kommen der Antwort näher, wenn wir uns noch einmal die Frage stellen, wer die Reisenden eigentlich führt. Nicht der Stern tut es, sondern Gott selbst, der sich erstens des Sterns und zweitens einer Bibelstelle bedient. Und selbstverständlich steht auch er hinter dieser letzten Stufe der Führung zu seinem Sohn. Die Frage ist: Wie bewerkstelligt Gott diese Feinabstimmung?

Klarheit durch Gottes Geist

Es gibt etwas, das der Text in Matthäus 2,1-11 nicht ausdrücklich erwähnt, was aber nach dem Gesamtzeugnis der Bibel immer selbstverständlich zu berücksichtigen ist: Gott handelt in der diesseitigen Welt und im Leben von Menschen durch seinen Heiligen Geist. Er ist der Dolmetscher, durch den Menschen mitten in unserer diesseitigen Welt Gottes jenseitiges Reden aufnehmen können. Es ist hier nicht der Platz, eine Lehre vom Heiligen Geist zu entfalten. Wir müssen uns nur kurz klarmachen, dass das Handeln des dreieinen Gottes nie ohne den Heiligen Geist zu verstehen ist – auch da, wo er nicht ausdrücklich genannt wird. Wenn man dies bedenkt, wird der ganze Vorgang verständlich – insbesondere für Menschen die aus dem eigenen Erleben solche Impulse Gottes kennen.

Als die Magier sich dem betreffenden Haus nähern, entsteht in ihrem Innern die Gewissheit, die von Gott kommt, dass sie am Ziel sind. Und vielleicht begreifen sie an dieser Stelle auch: Nicht wir haben etwas gesucht, sondern wir sind die ganze Zeit über gesucht und geführt worden. Wir haben uns nicht aus eigenem Antrieb auf eine abenteuerliche Expedition begeben, sondern Gott selbst hat uns Schritt für Schritt immer präziser, mit immer feineren Methoden, zu seinem Sohn geführt.

Ob er das wohl auch heute noch tut, wenn wir uns auf die Suche nach der Wahrheit machen? Aber ganz gewiss doch! Weihnachten war ja nicht primär ein einmaliges historisches Ereignis für die Menschen damals. Es war die Zeitenwende, seit der es für alle Menschen möglich und von

Gott gewollt ist, dass wir ins Reich Gottes hineinkommen und darin leben. Auch in diesem Jahr möchte er die Weihnachtszeit dazu nutzen, dass wir ihm näherkommen und seine Pläne besser verstehen lernen.

O Heiliger Geist, o heiliger Gott,
mehr' unsern Glauben immerfort.
An Christus niemand glauben kann,
es sei denn durch dein' Hilf getan.

Johannes Niedling (1651)

4. Anbetung – das Ziel der langen Reise

Da warfen sie sich vor ihm zu Boden und ehrten es (das Kind) als König. Dann holten sie die Schätze hervor, die sie mitgebracht hatten, und legten sie vor ihm nieder: Gold, Weihrauch und Myrrhe. In einem Traum befahl ihnen Gott, nicht wieder zu Herodes zu gehen. So zogen sie auf einem anderen Weg in ihr Land zurück.

Matthäus 2,11b-12

Endlich sind die Sterndeuter aus dem Orient am Ziel. Und nun? Man stelle sich die Szene vor: Erwachsene, erschöpfte, aber überglückliche Männer werfen sich nach orientalischer Sitte vor dem Säugling flach auf den Boden. Das ist entweder der Gipfel der Lächerlichkeit – oder aber des Glücks. Sie werfen sich vor Jesus nieder, weil er für sie der verheißene neue König ist, auf den Gott sie aufmerksam gemacht hatte. Sie tun gut daran, auch wenn sie nicht wirklich wissen können, in welcher Weise Jesus sein Königtum verstehen und leben wird.

Ein König – aber was für einer?

Als Jesus gut dreißig Jahre später auf einem jungen Esel in Jerusalem einzieht, macht er deutlich, dass er nicht ein König ist wie die Herrscher seiner Zeit. Noch deutlicher wird er im Verhör gegenüber Pilatus aussprechen, dass sein Königreich »nicht von dieser Welt« ist (Johannes 18,36-37). Vor seiner Hinrichtung legen die Soldaten ihm einen Purpurmantel um und flechten eine Dornenkrone, um ihn und sein Königtum lächerlich zu machen. Und doch steht auf dem Kreuz über seinem Kopf zu Recht das INRI: »Jesus von Nazareth, der König der Juden«.

Vielleicht wären auch die Magier im Stall von Bethlehem irritiert gewesen, hätten sie gewusst, wie der neugeborene König enden würde. Aber sie tun das einzig Richtige. Sie huldigen ihm und nehmen damit vorweg, was am Ende alle Menschen tun werden: die Knie vor Jesus beugen und ihn ehren (Philipper 2,10; Offenbarung 5,13-14). Das ist weit mehr als eine Geste der Unterwerfung unter einen bedrohlichen Machthaber. Es ist Anbetung! Könige können Unterwerfung verlangen, aber nur Jesus gebührt Anbetung, weil er der Sohn Gottes ist. Solche Anbetung ist nicht Erniedrigung, sondern tiefste Erfüllung für den Menschen. Die Magier aus dem Osten haben ihr Ziel erreicht, als sie sich vor Jesus niederwerfen. Glücklich können sie sich auf den Rückweg machen.

Sehnsucht, vom Schöpfer in uns angelegt

Anbetung gehört elementar zum Menschsein. Auf den ersten Seiten der Bibel wird uns berichtet, wie der Mensch von seinem Schöpfer konzipiert ist: »Gott schuf den Menschen zu seinem Bilde, zum Bilde Gottes schuf er ihn; und er schuf sie als Mann und Frau« (1. Mose 1,27). Der Mensch ist also von Anfang an in doppelter Weise auf Beziehung angelegt: als Gegenüber zu anderen Menschen – und als Gegenüber zu Gott. Wie drücken sich gelungene und glückliche Beziehungen aber konkret aus?

Was die Beziehungen unter Menschen angeht, so können wir das durchaus beschreiben: Freunde umarmen einander, weil sie gemeinsam etwas Bewegendes erlebt haben. Das kann ein Sieg sein, den sie miteinander errungen haben und nun glücklich feiern. Das kann aber auch die Verbundenheit im Leid sein, in dem einer den anderen trösten und ihm helfen konnte. Seinen tiefsten Ausdruck findet die Vorgabe Gottes wohl in der sexuellen Vereinigung von Mann und Frau in der Ehe. Auf welcher Ebene auch immer: Wo Menschen die Liebe und Verbundenheit, zu der sie geschaffen sind, wirklich erleben, ist das immer mit großem Glück und auch mit intensiven Gefühlen verbunden.

Nun ist der Mensch aber wie gesagt von seinem Schöpfer nicht nur auf die Beziehung zu anderen Menschen angelegt, sondern ebenso auf die Beziehung zu Gott selbst. Die Frage ist nun, ob es sich ebenso beschreiben lässt, wie denn diese Beziehung zu Gott im Idealfall erlebt wird. Ich behaupte: Ja! Die Antwort lautet Anbetung. Anbetung ist der tiefste Ausdruck der Liebesbeziehung zu Gott! Das Bedürfnis nach Anbetung ist uns Menschen genauso eingepflanzt wie das Bedürfnis, die Zuneigung und Liebe zu anderen Menschen sichtbar werden zu lassen. Der Schöpfer hat uns so geschaffen, dass wir auch der Liebesbeziehung zu unserem Schöpfer Ausdruck geben wollen.

Ein gewagter Vergleich

Der Gedanke mag zunächst befremden, aber ich bin überzeugt, dass Anbetung in gewisser Weise mit unserer Sexualität vergleichbar ist. Im körperlichen Bereich hat Gott uns die Sehnsucht mitgegeben, uns mit einem Menschen des anderen Geschlechts zu vereinigen. Im geistlichen Bereich tragen wir das tiefe Verlangen in uns, uns an Gott zu verschenken, ihn anzubeten. Es ist die Sehnsucht, sich mit etwas zu vereinen, das größer ist, als ich selbst es bin. Beide Bereiche dürfen auf keinen Fall verwechselt oder vermischt werden, wie das in religiösen Kulten immer wieder geschehen ist, etwa in Gestalt von Tempelprostitution.

Aber jeder Mensch – ob ihm das nun bewusst ist oder nicht – sehnt sich danach, anbeten zu können. Und weil er Gott nicht findet, treten Ersatzgötter und Götzen an diese Stelle. Die Verehrung von Stars, vor allem im Sport und in der Musik, gelegentlich aber auch in der Politik, ist nichts anderes als die fehlgeleitete Sehnsucht nach Anbetung. Wie furchtbar ist es deshalb, wenn Menschen das Beste und Tiefste, das in ihnen steckt, an oft genug erkennbar armselige und selbst fehlgeleitete Menschen verramschen. Wer sich Gott mit seinem ganzen Leben ausliefert und ihn mit allem, was er ist und hat, anbetet, erlebt darin tiefen Frieden, Geborgenheit und Gewissheit, in dieser Welt nicht allein zu sein.

Sternstunde für Suchende

Wie gut ist jemand dran, der von Gott so an die Hand genommen und geführt wird wie die Magier damals! Ob es derartige »Sternstunden« auch heute noch gibt? Aber sicher doch! Solche Berichte werden uns in der Bibel ja gerade übermittelt, weil sie eine Einladung für uns darstellen. Selbstverständlich geht Gott mit jedem von uns einen ganz persönlichen Weg. Aber die Grundelemente bleiben doch die gleichen:

- Sensibel sein für Gottes Anklopfen in meinem Leben – so wie die Magier, als sie den Stern entdeckten und in ihrem Herzen ein Fragen und eine Sehnsucht aufbrachen.
- Sich wirklich auf den Weg machen und den tieferen Fragen des Lebens nachgehen – so wie die Magier, als sie die Mühen und Kosten der weiten Reise auf sich nahmen, um Klarheit zu bekommen.
- In der Bibel nachforschen, wo und wie Gott zu finden ist, und wie man zu ihm eine persönliche Beziehung aufbauen kann – so wie die Magier, als sie von den Schriftgelehrten den Weg nach Bethlehem gewiesen bekamen.
- Erwartungsvoll abwarten, wie Gott durch seinen Heiligen Geist weiterführt bis zur Schwelle zum Reich Gottes – so wie die Magier damals, als Gott ihnen klarmachte, wo die Tür ist, durch die sie gehen konnten.
- Und dann, nachdem Gott mich auf seine Weise gefunden und zu sich geführt hat, dann bleibt mir selbst die

letzte wichtige Entscheidung überlassen: ob ich wirklich hineingehen will zu diesem Jesus und ob ich ihn anbeten will.

All das ist Gottes wunderbares Weihnachtsgeschenk an uns. Gott selbst kommt in Jesus Christus zu uns, um uns zu einem Leben mit sich selbst einzuladen. Wer das erlebt hat, hat wirklich etwas zu feiern an Weihnachten.

Herbei, o ihr Gläubigen, fröhlich triumphieret,
o kommet, o kommet nach Bethlehem!
Sehet das Kindlein, uns zum Heil geboren!
O lasset uns anbeten, o lasset uns anbeten,
o lasset uns anbeten den König!

Friedrich Heinrich Ranke (1826)

5. Weiße Weihnachten – dieses Jahr ganz bestimmt!

Wenn eure Sünde auch blutrot ist, soll sie doch schneeweiß werden, und wenn sie rot ist wie Scharlach, soll sie doch wie Wolle werden.

Jesaja 1,18

Jedes Jahr neu ist es ein Thema für die Zeitungen und das Fernsehen: Bekommen wir diesmal wohl weiße Weihnachten? Dabei ist es für das Weihnachtsfest ja eigentlich völlig belanglos, wie das Wetter wird. Besonders bewusst wurde mir das bei einem internationalen Weihnachtsgottesdienst, den wir bei trübem Wetter und frühlingshaften Temperaturen feierten. Vor mir saßen viele ausländische Besucher, die es gewohnt waren, Weihnachten in großer Hitze zu feiern. Mir fiel ein, was deutsche Missionare in Afrika mir einmal erzählt hatten: Sie mussten die Weihnachtskerzen im Kühlschrank vorkühlen, damit diese überhaupt eine Chance hatten, den Gottesdienst zu überstehen. Vor diesem Hintergrund ist es fast lächerlich, so zu tun, als sei Jesus in einem romantisch verschneiten bayrischen Bergdorf zur Welt gekommen. Wahrscheinlicher ist, dass Maria und Josef mit der Hitze des damaligen Palästina zu kämpfen hatten.

Sehnsucht nach dem verlorenen Paradies

Und trotzdem, schön wäre es doch: weiße Weihnachten. So eine verschneite Winterlandschaft gehört für viele irgendwie zum Weihnachtsfest dazu. Wir können das leicht als romantischen Kitsch abtun, aber mir scheint, es steckt doch mehr dahinter. Wenn sich der Schnee als eine große, geschlossene Decke über die Landschaft legt, zeigt sich uns eine scheinbar heile, reine Welt. Die offenen Baustellen, die Risse und Löcher in der Landschaft verschwinden. Scharfe Ecken und Kanten bekommen weiche, fließende Konturen. Alles wirkt harmonisch, unberührt, ohne Flecken. Wie ein neues Schulheft, das noch von keinem Klecks und keinen roten Randbemerkungen verunstaltet ist. Wir empfinden Weiß ganz intuitiv als Farbe der Reinheit und Unschuld. Auch der Lärm wird erheblich reduziert durch die dicke, weiße Dämmschicht. Selbst Großstädte mit ihrer Betriebsamkeit bekommen etwas Gemütliches. Das Leben wird ein Stück langsamer und beschaulicher. Wenn es schneit, werden Zeit- und Fahrpläne außer Kraft gesetzt. Termine platzen, und Hetze und Hektik werden eine Zwangspause verordnet.

Unversehrtheit, Reinheit, Ruhe, Gelassenheit – so ungefähr stellen wir uns das Paradies vor, das wir leider längst verloren haben. Aber die Sehnsucht danach ist geblieben. So kommt es, dass die Winterlandschaft uns so unmittelbar emotional berühren kann. Und haben die Engel nicht etwas ganz Ähnliches besungen, als sie den Frieden auf Erden verkündigt haben? Weihnachten und die Sehnsucht nach einer heilen Welt gehören einfach zusammen.

Leben mit Wunden und Lasten

Unser Leben ist ja auch wie eine große Baustelle, wie eine zersiedelte Landschaft mit ihren Wunden. Bedrängende Zukunftsfragen treiben jeden von uns um. Beim einen sind es berufliche oder wirtschaftliche Themen: Reichen die Noten im Abschlusszeugnis, um bei der Bewerbung eine Chance zu haben? Werde ich nach Abschluss der Ausbildung wohl vom Betrieb übernommen? Welche beruflichen Chancen habe ich noch jenseits der Fünfzig? Wird das Geld reichen, um die Hypothek abzutragen?

Andere haben begründete Sorgen wegen ihrer Gesundheit oder müssen sich neu orientieren, weil sie einen geliebten Menschen verloren haben. Wieder andere ringen um den Bestand ihrer Ehe oder leiden darunter, keinen Ehepartner zu finden. Die Sorgen um die Kinder lassen manchen nicht einschlafen. Viele können nicht einmal genau beschreiben, was sie eigentlich so fertigmacht. Wie schön, wenn man all dies wenigstens für ein paar Tage ausblenden kann. Und was könnte dieser Stimmungslage besser entsprechen als eine Alltagswelt, die sich ebenfalls eine Zeit lang unter einer weißen Decke verbirgt. Es überrascht vielleicht, aber sogar die Bibel verspricht uns tatsächlich weiße Weihnachten!

Jesaja und die Ankündigung des Messias

Für das Volk Israel zur Zeit des Propheten Jesaja sah die Situation im Grunde nicht anders aus als für uns heute. Eher noch schlimmer. Von außen bedrängt, im Innern heruntergekommen, nennt es der Prophet Jesaja ein Volk, »das im Finstern wandelt« (Jesaja 9,1). Doch neben harten Ermahnungen und Gerichtsworten macht vor allem die Verheißung des zukünftigen Erlösers, des Messias, dieses Buch so wichtig. »Eine Jungfrau ist schwanger und wird einen Sohn gebären, den wird sie Immanuel nennen« (7,14). Die Christen aller Zeiten haben in diesen Worten die Ankündigung der Geburt Jesu gesehen.

Das gilt auch für andere Sätze des Propheten. Das Buch Jesaja ist ja das weihnachtlichste aller alttestamentlichen Bücher. Es enthält viele der Verheißungen, die in unsere Weihnachtslieder eingegangen sind. Sie reichen von »Es ist ein Ros entsprungen« (Jesaja 11,1) bis hin zu modernen Lobpreissongs, die die Gottesnamen »Wunder-Rat, Gott-Held, Ewig-Vater, Friede-Fürst« (9,5) und natürlich »Immanuel« in zahlreichen Variationen neu vertont haben. Auch Ochs und Esel verdanken ihren Stammplatz in der Weihnachtskrippe der Erwähnung in Jesaja 1,3, wo es heißt: »Ein Ochse kennt seinen Herrn und ein Esel die Krippe seines Herrn ...«

Eine weiße Weste als Weihnachtsgeschenk

Jesaja kündigt die Geburt des Immanuel an. Aber der hat mehr zu bieten als schöne Gefühle und eine weiße Oberfläche. Er kommt, um das Trennende zwischen Gott und Menschen wegzunehmen. Er ermöglicht erstmals seit dem Sündenfall eine heile, unbelastete Beziehung zwischen Menschen und Gott. Er schenkt uns eine »weiße Weste«.

Nur aus diesem Grund wird es Weihnachten. Bei Jesaja klingt das so: »Wenn eure Sünde auch blutrot ist, soll sie doch schneeweiß werden, und wenn sie rot ist wie Scharlach, soll sie doch wie Wolle werden« (1,18). Diese Zusage gehört zu den großen Verheißungen, die mit dem Kommen des Immanuel wahr werden: schneeweiß statt blutrot. Weiße Weihnachten eben.

Sie sind also ganz dicht beieinander: Auf der einen Seite die Menschen mit ihrem Traum von weißer Weihnacht und der darunter durchschimmernden Sehnsucht nach einer heilen Welt. Und auf der anderen Seite der Sohn Gottes, dessen Geburt an diesem Fest gefeiert wird, und der genau wegen dieser Sehnsucht in die Welt gekommen ist. Werden sie zusammenfinden? Werden die Menschen begreifen, dass Weihnachten mehr zu bieten hat als Weihnachtsmarkt, Tannenbaum und eine verschneite Winterlandschaft? Wer Gottes große Versöhnungsinitiative in der Geburt Jesu aber begriffen hat, für den kann dann auch die schneeweiße Winterlandschaft zu einem eindrücklichen Bild werden für das, was Gott ihm geschenkt hat.

Wer sich fühlt beschwert im Herzen,
wer empfind't seine Sünd und Gewissensschmerzen,
sei getrost: Hier wird gefunden,
der in Eil machet heil die vergift'ten Wunden.

Paul Gerhardt (1653)

6. »Jungfrauengeburt«: Muss man daran glauben?

Als Elisabet im sechsten Monat war, sandte Gott den Engel Gabriel nach Nazaret in Galiläa zu einem jungen Mädchen mit Namen Maria. Sie war noch unberührt und war verlobt mit einem Mann namens Josef, einem Nachkommen Davids. Der Engel kam zu ihr und sagte: »Sei gegrüßt, Maria, der Herr ist mit dir; er hat dich zu Großem ausersehen!« Maria erschrak über diesen Gruß und überlegte, was er bedeuten sollte. Da sagte der Engel zu ihr: »Hab keine Angst, du hast Gnade bei Gott gefunden! Du wirst schwanger werden und einen Sohn gebären. Dem sollst du den Namen Jesus geben. Er wird groß sein und wird ›Sohn des Höchsten‹ genannt werden. Gott, der Herr, wird ihn auf den Thron seines Ahnherrn David erheben, und er wird für immer über die Nachkommen Jakobs regieren. Seine Herrschaft wird nie zu Ende gehen.« Maria fragte den Engel: »Wie soll das zugehen? Ich bin doch mit keinem Mann zusammen!« Er antwortete: »Gottes Geist wird über dich kommen, seine Kraft wird das Wunder vollbringen. Deshalb wird auch das Kind, das du zur Welt bringst, heilig und Sohn Gottes genannt werden.«

Lukas 1,26-35

Generationen von Theologen und anderen Gelehrten haben sich den Kopf über das Geheimnis der »Jungfrauengeburt« oder genauer der jungfräulichen Empfängnis zerbrochen. Aber auch ganz normale Bibelleser atmen erst einmal tief durch, wenn sie auf diese Frage stoßen. Was also sollen wir von dem biblischen Bericht halten?

Es geht nicht um Geschlechtsverkehr

Wenn wir uns auf die Suche nach einer Antwort machen, sollten wir uns zunächst die Aussage näher anschauen, dass dieses Kind nicht einfach von Gott, sondern vom Heiligen Geist stammt. Im Hebräischen, und somit in der Vorstellungswelt der Juden, heißt der Heilige Geist »Ruach«, und Ruach ist weiblich. Maria hat ihr Kind von ihr, der Ruach, empfangen. Damit wird klar, dass es sich um etwas völlig anderes handelt als in den antiken Mythologien. Dort verkehren ein Gott und ein Mensch geschlechtlich miteinander, und das Ergebnis ist ein Halbgott. Diese Vorstellung lässt das Neue Testament aber an keiner Stelle zu. Jesus ist zugleich ganz Gott und ganz Mensch und kein Mischwesen, kein Halbgott. Um es in aller Deutlichkeit zu sagen: Der Heilige Geist hat kein und braucht kein wie auch immer geartetes Geschlechtsorgan, mit dessen Hilfe er Maria geschwängert hätte.

Es handelt sich um einen einmaligen Vorgang, von dem niemand, der selbst schon einmal ein Kind gezeugt oder geboren hat, auch nur die Spur einer Ahnung hat. Deshalb können wir auf die Aussagen der Biologen wie der Philosophen zur »Jungfrauengeburt« getrost verzichten. Die Spannung ist nicht aufzulösen, und das Geheimnis ist für uns nie ganz zu begreifen. Wir Menschen kennen nichts

Vergleichbares, auf das wir zurückgreifen könnten. Es handelt sich um einen völlig singulären Vorgang ohne jede Parallele in unserer Erfahrungswelt.

Wie bei der Schöpfung der Welt

Dabei gibt es sehr wohl eine Parallele, die aber entzieht sich ebenso unserer Überprüfung wie die »Jungfrauengeburt«: die Schöpfung. In 1. Mose 1,2 heißt es, dass am Anfang, als die Erde noch wüst und leer war, der Geist Gottes, also die Ruach, über dem Wasser schwebte. Sie ist in geheimnisvoller Weise an der Schöpfung beteiligt. Das wird deutlich, als es an die Erschaffung der Menschen geht und es dort heißt: »Nun wollen wir Menschen machen« (Vers 26). Man beachte den Plural! Wer ist bei der Schöpfung außer Gott denn noch gegenwärtig? Wer ist mit diesem »wir« angesprochen? Der Schöpfungsbericht nennt sehr wohl eine weitere »Person«: eben den Geist Gottes, die Ruach.

Das heißt also, der Schöpfer, der durch sein Wort und unter Beteiligung seines Geistes die Welt ohne Vorbild und ohne Voraussetzungen aus dem Nichts schafft, wird in der Geburt von Jesus Christus noch einmal kreativ wie am ersten Tag. Er tut etwas Einmaliges, für uns Unfassbares, weil er etwas Einmaliges und Unfassbares vorhat. Er will selbst Mensch werden. Wen kann es da überraschen, dass etwas Unbegreifliches, Einmaliges geschieht?

Ein phantasievolles Gedankenexperiment

Nachdem ich der falschen Vorstellung, es handle sich bei Jesus um einen Halbgott, der aus der geschlechtlichen Vereinigung eines Menschen mit Gott hervorgegangen ist, hoffentlich deutlich genug widersprochen habe, will ich nun aber doch einen Vergleich wagen. Er soll helfen, die Zusammenhänge ein wenig zu verstehen. Denn auch der Bibeltext schweigt sich ja nicht nur aus, sondern spricht ja von einem geheimnisvollen Vorgang, wenn der Engel zu Maria sagt: »Gottes Geist wird über dich kommen, seine Kraft wird das Wunder vollbringen.«

Ich möchte für die Annäherung an das Geheimnis den Begriff der »Kreuzung« verwenden. Ich lade Sie ein, sich dazu auf ein etwas absurd erscheinendes Gedankenexperiment einzulassen. Die Biologie arbeitet ja in unzähligen Versuchsreihen an immer neuen Züchtungen. Vieles entsteht dabei durch die Kreuzung verschiedener Pflanzen. Nun stellen Sie sich einmal vor, es gelänge, eine Rose mit einer Kartoffel zu kreuzen. Was würde dabei wohl herauskommen? Vielleicht könnte die Produktion von Marzipankartoffeln dadurch erheblich vereinfacht werden. Aber ich gebe zu, wahrscheinlich ist so etwas wohl nicht möglich. Gehen wir einen Schritt weiter: Was würde entstehen, wenn es gelänge, eine Rose mit einer Melodie zu kreuzen? Unsinn, sagen Sie, das geht doch erst recht nicht. Trotzdem, lassen Sie einmal Ihrer Fantasie freien Lauf. Also, was würde entstehen? Eine Blume, die in uns etwas zum Klingen bringt? Ein Lied, das man zugleich riechen könnte? Nein das passt wohl alles nicht. Das wäre ja nur die Addition von bereits bekannten Eigenschaften. Unsere Fantasie reicht vermutlich doch nicht dafür aus.

Anders als alles, was wir kennen

Gehen wir trotzdem noch einen großen Schritt weiter: Was würde entstehen, wenn Gott sich mit einem Menschen »kreuzt«? Dabei müssen wir uns klarmachen: Der Unterschied zwischen Gott und einem Menschen ist ungleich größer als der zwischen einer Rose und einer Melodie. Letztere gehören ja immerhin noch zu dieser Welt, unterliegen gemeinsam den Regeln der Physik, lassen sich erklären aus den Naturgesetzen, die wir kennen. Aber Gott? Er ist in seinem Wesen völlig anders als alles, was wir kennen. Er ist nicht Teil der Schöpfung, besteht nicht aus irgendeinem Stoff, den wir kennen.

Nein, begreifen werden wir das Geheimnis niemals. Aber ist das überhaupt nötig? Mir persönlich reicht die Erkenntnis, dass Gott etwas Einmaliges vorhat und deshalb etwas Einmaliges tut. Viel wichtiger erscheint mir die Frage, warum Gott in der Geburt von Jesus derart massiv eingreift, dass er sogar die Gesetze der Biologie außer Kraft setzt.

Mit Maria will ich sinnen
ganz verschwiegen und tief innen
über dem Geheimnis zart:
Gott im Fleisch geoffenbart.

Emil Quandt (1880)

7. Sollte Gott etwas unmöglich sein?

Der Engel antwortete: »Auch Elisabet, deine Verwandte, bekommt einen Sohn – trotz ihres Alters. Sie ist bereits im sechsten Monat, und es hieß doch von ihr, sie könne keine Kinder bekommen. Für Gott ist nichts unmöglich.« Da sagte Maria: »Ich gehöre dem Herrn, ich bin bereit. Es soll an mir geschehen, was du gesagt hast.« Darauf verließ sie der Engel.

Lukas 1,36-38

Wer Weihnachten nicht ins Nachdenken und Zweifeln gerät, hat die Tiefe und Bedeutung des Festes vermutlich gar nicht begriffen. Es geht um ungleich mehr als um die Geburt eines süßen Kindes, das später einmal weltweit Aufsehen erregen wird. Was in und mit Maria geschieht, ist einmalig und ungeheuerlich: Gott selbst wird Mensch. Und das nur ein einziges Mal in der Geschichte der Welt. Wir alle sind Geschöpfe Gottes, und wir alle können Adoptivkinder Gottes werden. Aber das ist etwas grundlegend anderes als bei Jesus. Er ist Gottes einziger, sein »einzig-geborener« Sohn (Johannes 3,16). Im Gegensatz zu uns ist er das nicht erst nachträglich geworden, etwa bei der Taufe, wie wir noch sehen werden, sondern war es von Anfang an.

Noch nie da gewesen

Eines ist deshalb von vornherein klar: Wenn Gott sich mit einem Menschen verbindet, muss das Ergebnis etwas sein, das es bisher in dieser Welt noch nie gegeben hat, etwas, das wir uns einfach nicht vorstellen können. Und der Vorgang, falls man ihn denn überhaupt beschreiben kann, muss ebenfalls ein noch nie da gewesener Prozess sein. So ganz genau werden wir es nie nachvollziehen können, was da eigentlich passiert ist. Und niemals würden wir ihn im Laborversuch wiederholen können.

Wie soll so etwas geschehen? Maria, die selbstverständlich die gleichen Fragen hat wie wir, bekommt vom Boten Gottes eine einfache Antwort: Bei Gott ist nichts unmöglich (Vers 37). Es ist die Antwort, die Gott bereits dem steinalten Abraham und seiner Frau Sara zum Thema Schwangerschaft gegeben hat: »Sollte Gott irgendetwas unmöglich sein?« (1.Mose 18,14). Die Logik ist eigentlich ziemlich einfach. Sie lautet: Wenn ich überhaupt glaube, dass es einen Gott gibt, der die Welt geschaffen hat und der an ihrem Ergehen teilnimmt, dann gehe ich wahrscheinlich davon aus, dass er allmächtig und in keiner Weise begrenzt ist. Das gilt erst recht, wenn ich persönlich mit der Möglichkeit rechne, dass Gott aus seiner Welt herab in mein eigenes Leben hineinwirken kann. Sollte dieser Gott auf die – in unseren Augen vielleicht verrückte – Idee kommen, in diese Welt durch eine jungfräuliche Empfängnis einzutreten, dann könnten wir nur verlegen mit den Schultern zucken und sagen: Sehr befremdlich und schwer zu glauben! Aber trotzdem: Wenn er es so will – warum nicht?

Alle Ecksteine des Glaubens sind unbegreiflich

Der Gedanke, dass Gott nichts unmöglich ist, hat es in sich. Machen wir uns klar: Diese Frage gilt nicht nur für das Geheimnis von Weihnachten, sondern für alle Ecksteine unseres Glaubens. Immer haben wir es mit einem unbegreiflichen, vollmächtigen Eingreifen Gottes aus seiner unsichtbaren Welt hinein in unsere sichtbare Welt zu tun.

Das fängt bei der Schöpfung an. Gott sprach und schuf die Welt durch sein Wort, lesen wir in den ersten Zeilen der Bibel. Verstehen Sie das? Unsere Welt ist letztlich nicht durch irgendwelche nachvollziehbaren Prozesse entstanden, sondern geht auf einen Impuls Gottes, auf sein Wort zurück. Wer war dabei? Wer will das beweisen? Und doch ist diese Frage für unser Leben von enormer Bedeutung. Es macht ja einen Unterschied, ob ich eine zufällige Ausflockung der Evolution bin, oder ob es einen Gott gibt, der mich geschaffen hat, der mich kennt, der mich will und der mich durch mein Leben begleitet. Bilden wir uns das nicht nur ein? Hat die Wissenschaft das nicht längst widerlegt? Aber nein. Richtig ist, sie hat ihre eigene Theorie zur Entstehung der Welt. Ein Modell, für das sie keinen Gott braucht. Aber was besagt das schon? Wenn es Gott gibt, bleibt es dabei: Bei Gott ist nichts unmöglich.

Kreuz und Auferstehung

Lassen Sie uns die Erlösung betrachten: Durch das Sterben Jesu am Kreuz ist für die gesamte Menschheit der Weg zu Gott offen, lesen wir im Neuen Testament. Wie bitte? Wo ist denn da die Logik? Eine Standardhinrichtung durch die Römer, die in der Tageszeitung allenfalls auf Seite drei kurz erwähnt würde, soll der Schlüssel sein, um mit Gott ins Reine zu kommen? Nicht gerade einleuchtend. Es sei denn, Gott hat es so und nicht anders entschieden. Und wenn der Tod Jesu tatsächlich die einzige Möglichkeit ist, in eine Vater-Kind-Beziehung mit Gott zu kommen, ist das für mich doch von entscheidender Bedeutung. Wir selbst wären auf so etwas nie gekommen. Aber warum sollte Gott nicht den Weg über das Kreuz wählen? Ihm ist das zuzutrauen. Bei ihm ist nichts unmöglich.

Auferstehung: Gott hat seinen Sohn von den Toten auferweckt, und wir hoffen darauf, ebenfalls aufzuerstehen. Gibt es dafür Beweise? Ist das sonst schon einmal irgendwo passiert? Kann man das nachprüfen? Wie soll man sich das vorstellen? Ist das nicht nur Wunschdenken, Projektion unserer Träume an den Himmel? Aber wieso? Wenn Gott Gott ist, warum sollte es für ihn nicht möglich sein, einen neuen Himmel und eine neue Erde zu schaffen und uns dort wohnen zu lassen? Die Frage ist existenziell entscheidend, schließlich lebe und sterbe ich ganz anders, wenn ich eine lebendige Hoffnung über den Tod hinaus habe.

Und so könnten wir fortfahren: mit dem Heiligen Geist, der Wiederkunft Jesu und vielen anderen Fragen – und eben auch mit dem Thema »Jungfrauengeburt«. Und immer geht es für den Verstand am Ende um die Schlüsselfrage: Sollte Gott etwas unmöglich sein?

Vorzeichenwechsel

Der Zweifel und die Anbetung liegen immer ganz dicht beieinander. Wer nicht zweifelt, weil die Geburt von Jesus für ihn nichts Befremdliches und nichts Besonderes ist, der wird auch kaum jubeln und feiern, wenn er die Weihnachtsbotschaft hört. Es ist und bleibt unfassbar. Aber wenn Gott es schenkt, dass unser Herz das Wunder glauben kann, dann schlägt der Zweifel in Anbetung um. Es ist wie bei einem Vorzeichenwechsel vor einem Betrag. Wenn der Betrag klein ist, haben wir kaum Fragen und Zweifel, und Weihnachten bleibt eine Banalität im Jahreskreislauf. Aber wenn der Betrag groß ist, dann wird aus meiner Skepsis tiefes Staunen und große Freude. Unglaublich, was Gott sich einfallen lässt – und das aus Liebe zu mir!

Wenn ich dies Wunder fassen will,
so steht mein Geist voll Ehrfurcht still;
er betet an und er ermisst,
dass Gottes Lieb unendlich ist.

Christian Fürchtegott Gellert (1757)

8. »Gottes Geist wird über dich kommen«

Jesus antwortete Nikodemus: »Amen, ich versichere dir: Nur wer von oben her geboren wird, kann Gottes neue Welt zu sehen bekommen.« »Wie kann ein Mensch geboren werden, der schon ein Greis ist?«, fragte Nikodemus. »Er kann doch nicht noch einmal in den Mutterschoß zurückkehren und ein zweites Mal auf die Welt kommen!« Jesus sagte: »Amen, ich versichere dir: Nur wer von Wasser und Geist geboren wird, kann in Gottes neue Welt hineinkommen. Was Menschen zur Welt bringen, ist und bleibt von menschlicher Art. Von geistlicher Art kann nur sein, was vom Geist Gottes geboren wird. Wundere dich also nicht, dass ich zu dir sagte: ›Ihr müsst alle von oben her geboren werden.‹ Der Wind weht, wo es ihm gefällt. Du hörst ihn nur rauschen, aber du weißt nicht, woher er kommt und wohin er geht. So geheimnisvoll ist es auch, wenn ein Mensch vom Geist geboren wird.« »Wie ist so etwas möglich?«, fragte Nikodemus.

Johannes 3,3-9

Nichts ist für Gott unmöglich, hatte der Engel zu Maria gesagt. Das ist wohl wahr, aber dieses Argument kann man auch missbrauchen nach dem Motto: Schluss mit den Fragen, Ende des Nachdenkens – du musst es eben glauben. Es ist doch logisch, dass Gott auch Unlogisches tun kann.

Schließlich ist er Gott und hat alle Möglichkeiten. Das ist zwar wahr, aber es hilft einem Menschen letztlich nicht weiter. Es geht beim Glauben nämlich nicht um Logik und Beweise. Es geht um eine persönliche Beziehung zu Gott. Was nützt es, wenn wir die »Jungfrauengeburt« als wahr akzeptieren können, Gott uns aber fremd bleibt? Lassen Sie uns deshalb noch einmal einen ganz anderen Weg probieren. Vielleicht sind Sie überrascht, in einem Weihnachtsbuch das Gespräch zwischen Jesus und Nikodemus zu finden. Ich denke aber, dass wir gerade hier etwas Wichtiges entdecken.

Sehnsucht nach Gottes jenseitiger Welt

Nikodemus war ein Mann auf der Suche nach Gemeinschaft mit Gott, nach der Wirklichkeit Gottes, nach seinem Reich. Eines Nachts sucht er Jesus zu einem vertraulichen Gespräch auf. Er muss gespürt haben, dass sich in Jesus eine Chance bietet, Gott nahezukommen. Jesus spricht mit ihm jedenfalls darüber, wie man in das Reich Gottes hineinkommen und Gott erleben kann. Dabei gibt er ihm eine bemerkenswerte Antwort: Ohne dass jemand von Neuem geboren wird, von oben, »von Wasser und Geist«, kann niemand die Realität Gottes überhaupt begreifen.

Was ist damit gemeint? Jedenfalls keine erneute physische Neugeburt. Das weiß auch Nikodemus. Er kann ja nicht in den Leib seiner Mutter zurück. Nein, Wiedergeburt ist ein übernatürlicher Vorgang, etwas Unbegreifliches, das niemand letztlich erklären oder gar selbst vollbringen kann.

Und doch ist sie etwas, von dem viele Christen berichten können. Es ist die Erfahrung: Gott lebt in mir. Er beeinflusst meine Gedanken und Gefühle von innen heraus. Er leitet mich und öffnet mir die Augen für seine verborgene Wirklichkeit. Ich erlebe die Wirklichkeit Gottes ganz konkret in meinem Leben. Damit steht das Leben auf einer völlig neuen Basis, sodass die Bibel von einem »neuen Leben« sprechen kann.

Christsein ist keine Weltanschauung

Im vorhergehenden Kapitel ist deutlich geworden, dass alle Eckpunkte des christlichen Glaubens nicht rational zu beweisen sind. Schöpfung, Erlösung, Auferstehung und vieles andere können wir Menschen nicht selbst bewerkstelligen oder auch nur erklären. Es geht immer um übernatürliche Vorgänge, die ohne Gottes Macht und Eingreifen völlig unmöglich wären. Das gilt aber in ähnlicher Weise auch für das Leben des Christen und die Umsetzung des Glaubens.

Es gibt ein schlimmes Missverständnis bezüglich des Glaubens. Es geht von der Vorstellung aus, man müsse aus eigener Kraft, durch Disziplin, Gehorsam und »Bibeltreue« ein neues Leben realisieren. Aber das kann nicht gelingen. Machen wir uns klar: Der Kern des Christseins besteht nicht in einer Weltanschauung oder einem bestimmten Lebensstil. Vielmehr bedeutet es, in einer intensiven, lebendigen Beziehung zu Gott zu stehen. Ohne Gottes Geist aber sind wir dazu grundsätzlich nicht in der Lage. Der »natürliche Mensch«, also der Mensch, wie er sich in dieser Welt vorfindet, kann laut Paulus grundsätzlich nichts vom Reden Gottes, von seinen Impulsen aufnehmen (1. Korinther 2,14). Allenfalls spürt der Mensch in diesem Zustand einen »weißen Fleck«, ein Defizit. Um mit Gott zu leben, seine Impulse aufzunehmen und umzusetzen, muss Gott etwas Übernatürliches an uns tun. Er muss uns dazu ausrüsten und befähigen, indem er uns seinen Heiligen Geist schenkt.

Neues Leben braucht neue Menschen

Der Unterschied zwischen einem Menschen mit und einem Menschen ohne den Heiligen Geist ist so grundlegend, dass das Neue Testament von einem »neuen Leben« spricht. »Wenn also ein Mensch zu Christus gehört, ist er schon ›neue Schöpfung‹. Was er früher war, ist vorbei; etwas ganz Neues hat begonnen« (2. Korinther 5,17). Das Neue am neuen Leben ist der Heilige Geist in uns und die durch ihn ermöglichte Kommunikation mit Gott. Die Einrichtung dieser Verbindung zwischen Gott und Mensch – und das heißt: den Empfang des Heiligen Geistes – bezeichnet Jesus als »Geburt von oben«. Andere Begriffe dafür sind »neue Geburt« oder »Geburt durch den Geist« oder auch »Wiedergeburt«. Letzteres darf man allerdings nicht mit der Vorstellung von der »Reinkarnation« verwechseln. Das muss für unseren Zusammenhang reichen. Ausführlich habe ich die Frage nach dem Heiligen Geist und der Wiedergeburt in meinem Buch »Biblische Basics« behandelt.

Ist ein Mensch wiedergeboren, bringt Gott selbst durch seinen Geist vieles in unserer Seele und in unserem Leib in

Bewegung. Gottes Geist lässt uns unsere Welt mit Jesu Augen der Liebe wahrnehmen. Er beeinflusst unsere Gedanken und Gefühle. Er lässt uns manchmal großzügig sein, wo wir von unserer Prägung her eher eng und kleinlich sind. Ein anderes Mal macht er uns hellwach und sensibel, wo wir bisher überhaupt kein Problem gesehen haben. Das größte Wunder geschieht, wenn wir uns selbst neu sehen und neu lieben können: so wie wir sind – und nicht so, wie wir sein sollten und auch gerne sein möchten. All dies ist kein psychologischer Vorgang, sondern entsteht durch das Wirken des Heiligen Geistes in uns. Die Voraussetzung dafür ist die »Wiedergeburt«.

»Jungfrauengeburt« für jedermann

An dieser Stelle schließt sich der Kreis. Wiedergeburt? Vom Geist geboren? Das kommt uns doch bekannt vor. Was hatte der Engel zu Maria gesagt? »Gottes Geist wird über dich kommen, seine Kraft wird das Wunder vollbringen« (Lukas 1,35). Zugegeben, es handelt sich nicht um exakt denselben Vorgang. »Vom Geist geboren« und »vom Geist gezeugt« ist nicht dasselbe. Die Geburt Jesu ist und bleibt einmalig und einzigartig. Und doch ist die Erfahrung der Wiedergeburt ganz nahe dran. Hier wie dort erlebt ein Mensch, dass Gott aus seiner jenseitigen, völlig anderen, geistlichen Welt in unser Diesseits, ja in unseren Körper hineinkommt. Gott verbindet sich mit dem Menschen, kommt in einen Menschen hinein und schafft dadurch etwas völlig Neues. Unfassbar, unbeschreiblich, unbeweisbar – und doch millionenfach erlebt und erfahren. Zugespitzt könnte man sagen: Wiedergeburt ist so etwas wie die Jedermann-Version der »Jungfrauengeburt«. Wer sie erlebt hat, den wundert nichts mehr. Der traut Gott alles zu.

Es kommt ein Schiff geladen
bis an sein' höchsten Bord,
trägt Gottes Sohn voll Gnaden,
des Vaters ewigs Wort.
Das Schiff geht still im Triebe,
es trägt ein teure Last;
das Segel ist die Liebe,
der Heilig Geist der Mast.

Daniel Sudermann (1626)

9. Maria – eine beeindruckende Christin

Rings um Jesus saßen die Menschen dicht gedrängt. Sie gaben die Nachricht an ihn weiter: »Deine Mutter und deine Brüder stehen draußen und fragen nach dir!« Jesus antwortete: »Wer sind meine Mutter und meine Brüder?« Er sah auf die Leute, die um ihn herumsaßen, und sagte: »Das hier sind meine Mutter und meine Brüder! Wer tut, was Gott will, der ist mein Bruder, meine Schwester und meine Mutter!«

Markus 3,32-35

Wenn in der Weihnachtszeit für die Krippenspiele geprobt wird, wollen viele Mädchen die Hauptrolle: die der Maria. Weihnachten kommt Maria ganz groß raus. Weihnachten ist ihre Zeit. Und danach? Wer ist sie in den Jahren, als Jesus erwachsen ist und Gottes Reich baut? Welche Bedeutung hat sie für uns heute, mal abgesehen von Weihnachten?

Nähe und Distanz – Jesus und seine Mutter

Gemessen an der Bedeutung, die Maria später in der katholischen Kirche erhält, wird sie im Neuen Testament nur sehr selten erwähnt. In der Weihnachtsgeschichte kommt ihr natürlich eine zentrale Rolle zu. Aber in keinem der Apostelbriefe wird sie auch nur erwähnt. Allenfalls ist von ihr indirekt in Galater 4,4 die Rede, wo Paulus schreibt »Als aber die Zeit erfüllt war, sandte Gott seinen Sohn, geboren von einer Frau und unter das Gesetz getan.« So die Lutherbibel. Der Name Maria wird nicht genannt, weil es um eine theologische Aussage über Jesus geht. Die Gute-Nachricht-Bibel verzichtet sogar auf den Ausdruck des griechischen Urtextes »geboren von einer Frau« und formuliert stattdessen »als Mensch geboren«. Im Matthäusevangelium wird sie im Stammbaum Jesu lediglich als Frau des Josef erwähnt (Matthäus 1,16).

Wo Maria sonst im Neuen Testament vorkommt, entsteht der Eindruck, dass Jesus eine gewisse Distanz zu seiner Mutter hatte. Bei seinem ersten Wunder, der Weinvermehrung in Kana, weist er Maria erstaunlich schroff zurück, als sie sich wegen des ausgehenden Weines an ihn wendet (Johannes 2,3-4). Noch kühler klingen die oben zitierten Worte aus Markus 3. Jesus spricht sie, als Maria unangemeldet zu Besuch kommt und ihn bei der Arbeit stört. Ich wäre wohl kaum so mit meiner Mutter umgegangen.

Lukas berichtet sogar über einen ersten Ansatz von Marienverehrung. Jesus aber weist die spontane Seligsprechung Marias mit den gleichen Argumenten wie oben deutlich zurück: »Während er dies redete, erhob eine Frau aus der Menge die Stimme und sagte zu ihm: Selig sind der Leib, der dich getragen hat, und die Brüste, die du gesogen hast. Er aber sagte: Vielmehr sind diejenigen selig, die das Wort Gottes hören und bewahren« (Lukas 11,27-28; eigene Übersetzung).

Erst und nur unter dem Kreuz wird überhaupt eine besondere, innige Verbundenheit Jesu mit seiner irdischen Mutter erkennbar. Mitten im Todeskampf regelt er die Zukunft und die Altersversorgung von Maria, indem er seinen vertrauten Jünger Johannes in die Pflicht nimmt: »Jesus sah seine Mutter dort stehen und neben ihr den Jünger, den er besonders lieb hatte. Da sagte er zu seiner Mutter: ›Frau, er ist jetzt dein Sohn!‹ Und zu dem Jünger sagte er: ›Sie ist jetzt deine Mutter!‹ Von da an nahm der Jünger sie bei sich auf« (Johannes 19, 26-27).

Heilige und Mutter Gottes?

Angesichts dieses biblischen Befundes ist es erstaunlich, welche Bedeutung Maria für die katholische Kirche hat. Vom Hörensagen ist sicher auch vielen evangelischen Christen das Rosenkranzgebet ein Begriff. Es ist wohl das populärste Element der Marienfrömmigkeit. Dort heißt es: »Gegrüßet seist du, Maria, voll der Gnade, der Herr ist mit dir. Du bist gebenedeit unter den Frauen, und gebenedeit ist die Frucht deines Leibes, Jesus.« Vielleicht liegt es an der altertümlichen Sprache, dass das für evangelische Christen so fremd klingt. Tatsächlich aber ist es nichts als reiner Bibeltext. Es handelt sich um die Begrüßung Marias durch den Engel (Lukas 1,28) und Elisabeth (Lukas 1,42).

Insofern besteht zunächst einmal gar kein Grund, sich diesem Gebet zu verschließen. Schwierig wird es allerdings mit den dann folgenden Sätzen: »Heilige Maria, Mutter Gottes, bitte für uns Sünder jetzt und in der Stunde unseres Todes. Amen.« Hier haben wir auf kleinstem Raum all die theologischen Streitpunkte, die evangelische und katholische Christen seit der Reformation bis heute trennen: Maria als Heilige – als »Mutter Gottes« – und als Fürsprecherin vor Gott.

Dazu muss man wissen, dass die Zuspitzung »Mutter Gottes« die Antwort auf eine Irrlehre war, mit der sich die frühe Christenheit auseinandersetzen musste. Es ging um die Behauptung, dass Maria nur den Menschen Jesus geboren habe; seine göttlichen Eigenschaften seien erst später hinzugekommen. Nein, legt das Konzil von Ephesus im Jahre 431 fest, Jesus war von Anfang an Gott. Maria hat nicht nur einen Menschen geboren, sondern – auf diesem Hintergrund durchaus logisch – Gott! Insofern kann man sie als Mutter Gottes bezeichnen. Mit diesem Dogma sollte also primär keine Aussage über Maria, sondern über Jesus Christus gemacht werden. Angesichts der Tatsache, dass die alten Irrlehren auch heute durchaus wieder populär werden, könnte ich an der katholischen Formulierung fast Gefallen finden. Aber nur fast.

Eine Frau, die Jesus braucht

Die Versuchung, Maria ein falsches Gewicht zu geben, ist einfach zu groß, wie die weitere Entwicklung gezeigt hat. 1854 wurde die Lehre von der »unbefleckten Empfängnis Mariens« zum Dogma erhoben. Wohlgemerkt: Hier geht es nicht etwa um die »Jungfrauengeburt«, sondern um die Behauptung, bereits Maria sei von ihren Eltern ohne Übertragung der Erbsünde empfangen worden und deshalb makellos. Demgegenüber ist festzuhalten, dass sich so eine Vorstellung nirgends auch nur ansatzweise in der Bibel finden lässt. Vielmehr ist Maria ein erlösungsbedürftiger Mensch, der – wie jeder andere auch – nur durch den Glauben an Jesus Christus gerettet wird. Das mag in der Tat für sie noch einmal ein ganz besonderer Weg gewesen sein. Fest steht aber, dass sie in der Apostelgeschichte (1,14) zum Jüngerkreis gehört. Sie ist ein ganz normales Mitglied der Urgemeinde und bleibt in der jungen Bewegung der Christen ganz ohne Bedeutung. Sie wird an keiner Stelle mehr erwähnt.

Ähnliches wäre zum erstaunlich jungen Dogma der »leiblichen Aufnahme Marias in den Himmel« aus dem Jahr 1950 zu sagen. Im Vorfeld des Zweiten Vatikanischen Konzils gab es sogar Erwägungen zu einem dritten Mariendogma, das Maria verbindlich zur Miterlöserin erklärt hätte. Dazu ist es aber doch nicht gekommen. Um es ganz deutlich zu sagen: Wir brauchen in der Stunde unseres Todes keine Fürbitte Marias, sondern nur den Glauben an ihren Sohn.

Maria ist nicht (nur) katholisch!

Und wie steht es mit der Frage, ob Maria eine Heilige ist? Gibt es überhaupt Heilige? Ja, durchaus. Und sogar mehr, als man meint. Paulus bezeichnet so die Christen der jungen Gemeinden. So beginnt er beispielsweise seinen Brief an die Epheser mit den Worten: »Paulus, ein Apostel Christi Jesu durch den Willen Gottes, an die Heiligen in Ephesus, die Gläubigen in Christus Jesus« (Epheser 1,1; LUT). Wer oder was sind also Heilige? Es sind diejenigen, die an Jesus Christus glauben. Das Wort »heilig« bedeutet vom Alten Testament her einfach, dass etwas für Gott ausgesondert ist und ihm exklusiv zur Verfügung steht. Als solche Menschen verstanden und verstehen sich die Christen.

An dieser Stelle kommt Maria aber in der Tat eine besondere Bedeutung zu, nämlich als Vorbild für unseren eigenen Glauben. Sie fällt zunächst auf durch ihren Gehorsam Gott gegenüber. Ihre Antwort auf die Botschaft des Engels ist beeindruckend: »Ich gehöre dem Herrn, ich bin bereit. Es soll an mir geschehen, was du gesagt hast.« Diese Haltung ist genau das, was auch Paulus unter »heilig« versteht.

Daneben ist zu würdigen, dass sie von Gott in besonderer Weise »begnadet« und berufen ist. Was der Engel sagt (Lukas 1,28), gilt schließlich: »Sei gegrüßt, du Begnadete! Der Herr ist mit dir!« Das ist ja keine Höflichkeitsfloskel, sondern die Basis für den bevorstehenden Auftrag. Sie nimmt diesen Auftrag an, der ihr Leben reich machen und prägen wird, ihr zugleich aber auch jede gutbürgerliche, komfortable Normalität verwehrt.

Eine angefochtene Frau

Maria ist ihr Leben lang aber wohl auch eine angefochtene und leidende Frau. Zu den Prophezeiungen über ihr Leben gehören auch die Sätze des greisen Simeon (Lukas 1, 34-35): »Dieses Kind (...) wird ein Zeichen Gottes sein, gegen das sich viele auflehnen werden. So sollen ihre innersten Gedanken an den Tag kommen. Du aber wirst um dieses Kind viele Schmerzen leiden müssen; wie ein scharfes Schwert werden sie dir ins Herz schneiden.« Sie wird ihren Sohn nie ganz für sich haben, wie Mütter sich das wünschen. Er wird ihr bis zu seinem Tod in gewisser Weise immer fremd bleiben. Aber damit lebt sie und erfüllt gerade in dieser Demut ihren Auftrag.

Sie steht damit durchaus in einer Reihe mit Glaubensvätern wie Abraham und Mose. An ihr wird deutlich, was geschieht, wenn Gott uns ruft und beauftragt und wir dazu Ja sagen. Evangelische Christen können viel von ihr lernen und sollten sich davon nicht durch die Ablehnung katholischer Dogmen abhalten lassen. Maria ist nämlich nicht katholisch. Sie ist eine beeindruckende Christin, die alles aus nächster Nähe miterlebt und Gott in besonderer Weise gedient hat. Das verdient unseren Respekt und Dank.

Ich steh an deiner Krippe hier,
o Jesu, du mein Leben;
Ich komme, bring und schenke dir,
was du mir hast gegeben.
Nimm hin, es ist mein Geist und Sinn,
Herz, Seel und Mut, nimm alles hin
und lass dir's wohlgefallen.

Paul Gerhardt (1653)

10. Eine Zumutung für jeden Mann

Mit der Zeugung von Jesus Christus verhielt es sich so: Seine Mutter Maria war mit Josef schon rechtsgültig verheiratet, aber sie hatten die Ehe noch nicht vollzogen. Da stellte sich heraus, dass Maria ein Kind erwartete – durch die Wirkung des Heiligen Geistes. Josef, ihr Mann, war großmütig und wollte sie nicht vor Gericht bringen. Deshalb hatte er vor, sich stillschweigend von ihr zu trennen. Während er noch hin und her überlegte, erschien ihm im Traum der Engel des Herrn und sagte zu ihm: »Josef, du Nachkomme Davids, scheue dich nicht, Maria, deine Frau, zu dir zu nehmen! Denn das Kind, das sie erwartet, kommt vom Geist Gottes. Sie wird einen Sohn zur Welt bringen; den sollst du Jesus nennen. Denn er wird sein Volk von aller Schuld befreien.« Dies alles geschah, damit in Erfüllung ging, was der Herr durch den Propheten angekündigt hatte: »Die Jungfrau wird schwanger werden und einen Sohn zur Welt bringen, den werden sie Immanuël nennen.« Der Name bedeutet: »Gott steht uns bei«. Als Josef erwachte, tat er, was der Engel des Herrn ihm befohlen hatte, und nahm seine Frau zu sich. Er hatte aber keinen ehelichen Verkehr mit ihr, bis sie ihren Sohn geboren hatte. Und er gab ihm den Namen Jesus.

Matthäus 1,18-25

Ungeklärte Vaterschaft – das Motiv kommt in jedem dritten Roman und Film vor und ist immer wieder ein gefundenes Fressen für die Illustrierten. Und in der Tat, auch wir als Bibelleser würden gerne mehr wissen: Sind die Überlegungen von Josef, seine Verlobte zu verlassen, die Reaktion auf Marias befremdliche Geschichte von der Schwangerschaft durch den Heiligen Geist? Oder hat er sich einfach nur seinen Reim auf die körperlichen Veränderungen bei ihr gemacht? Hat er sie zur Rechenschaft gezogen, ihr vielleicht eine Szene gemacht, was ja durchaus verständlich wäre? Oder hat er alles nur still mit sich selbst verhandelt? Hatte Maria mit Josef über die Ankündigung des Engels gesprochen, oder hat sie lediglich ihre Verwandte Elisabeth ins Vertrauen gezogen?

Was nun, wo die Lebensplanung zerbrochen ist?

In der Kunst wird Josef häufig als älterer Mann dargestellt. Unterstellt man aber eine normale Ausgangssituation, dürfte er Ende Zwanzig gewesen sein. In dem Alter war ein Bauhandwerker wie er in der Lage, eine Familie zu gründen und zu ernähren. Maria könnte deutlich jünger gewesen sein. Immerhin galt ein Mädchen ab 15 Jahre als heiratsfähig. Wir wissen es nicht genau, und wir müssen es auch nicht wissen, um uns in die Situation einzufühlen. Als sicher annehmen darf man aber wohl, dass sie sich wie alle jungen Paare intensiv mit ihrer bevorstehenden Hochzeit beschäftigen und darauf freuen. Der Bericht von der »Hochzeit zu Kana« (Johannes 2,1-12) vermittelt uns, wie wichtig ein solches Fest für die Familie war und wie ausgiebig es gefeiert wurde.

Die beiden waren einander verbindlich versprochen. Das

ist weit mehr, als unsere heutige Verlobung beinhaltet. Nun warteten sie auf die endgültige »Heimholung« der Braut in das Haus des Bräutigams, das die Ehe rechtsgültig machen würde. Selbstverständlich war, dass vor diesem Termin kein Geschlechtsverkehr stattfand, schon gar nicht mit einem Dritten. Sicher gab es zu allen Zeiten Männer, die es mit solchen Fragen nicht so genau nahmen. Nicht aber Josef! Er wird ausdrücklich als »gerecht« bezeichnet (Vers 19). Das heißt, er war ein Mann, der sehr sorgfältig darauf achtete, nach Gottes Geboten zu leben. Umso mehr muss ihn die Beobachtung, dass Maria schwanger war, getroffen haben. Mit einem Schlag sind die Hochzeitsvorbereitungen und Zukunftsträume zu Ende. Ja, die ganze Lebensplanung ist zerstört. Wir ahnen, wie sehr Enttäuschung, Wut und Hoffnungslosigkeit in ihm getobt haben müssen.

Drei schwierige Optionen

Josef hat drei Möglichkeiten, zu reagieren. Die erste Möglichkeit besteht darin, Maria bloßzustellen und zu verklagen. Nach alttestamentlichem Recht wäre sie gesteinigt worden (5. Mose 22,20f). Aber das wurde angesichts der Rechtshoheit der Römer so wohl nicht mehr praktiziert. Wie auch immer, sie hätte als Hure gegolten und sich vermutlich irgendwo anders als Alleinerziehende durchschlagen müssen. Eine soziale Katastrophe – damals hundertmal mehr als heute. So weit will Josef nicht gehen. Seine Liebe scheint doch größer als seine Enttäuschung zu sein. Aber sie reicht auch nicht für die zweite Möglichkeit, die er hätte, nämlich Maria zu heiraten. Beide hätten ein Leben lang mit dem Makel leben müssen. So ist das eben in einem Dorf wie Nazareth.

Die dritte Lösung besteht in einem Kompromiss, der Josef trotzdem teuer genug zu stehen kommt. Er wollte seine Braut heimlich verlassen, heißt es in der Lutherbibel. Neuere Übersetzungen formulieren, er wollte die Verlobung stillschweigend auflösen. Aber was heißt das in einem Umfeld, wo jeder weiß, dass die beiden einander versprochen sind? Man kann ja nicht einfach wie in einer anonymen Großstadt unserer Tage in einen anderen Stadtteil ziehen und sein Leben unbemerkt fortsetzen. Nein, es hätte vermutlich bedeutet, dass Josef die Heimat verlässt, um irgendwo anders neu anzufangen. Und natürlich hätte er als doppelt schuldig gegolten: Ein Mann, der erst seine Braut schwängert und sich dann aus dem Staub macht. Der einzige Vorteil hätte darin bestanden, nicht mit Maria und dem fremden Kind unter einem Dach leben zu müssen. Ein harter Weg, aber er scheint Josef die beste Lösung zu sein, will er Maria nicht völlig vernichten.

Bereit, Gottes Werkzeug zu sein

Josef tendiert zur dritten Lösung. Doch dann bekommt er die wichtige Hintergrundinformation, dass das Kind von keinem anderen Mann, sondern vom Heiligen Geist stammt. Für Josef ist das kein akademisches, sondern ein existenzielles Thema. Was soll er davon halten? Die Nachricht erreicht ihn wie im Nebel. Ein Engel überbringt sie –

und das auch nur im Traum. Was für ein irrer Traum! Unglaublich, was man alles im Traum zusammenspinnt, hätte Josef am Morgen danach denken können. Aber für ihn ist klar, dass die Nachricht von Gott stammt. Eine unfassbare Botschaft, aber eine, die er annehmen kann. Und so lässt er sich darauf ein, als der Vater von Jesus zu fungieren.

Was hätten wir getan in einer vergleichbaren Situation? Auch ohne die Botschaft des Engels verhält Josef sich Maria gegenüber hochanständig. Seine verständliche Verletztheit lässt ihn nicht blind um sich schlagen und auf Rache sinnen. Vielmehr reagiert er auch jetzt verantwortlich und denkt über eine gute Lösung nach. Josef – das ist ein Mann mit Charakter. Einer, der nicht einfach davonläuft, wenn das Leben kompliziert wird. Einer, wie es nicht allzu viele gibt.

In den mir vorliegenden Liederbüchern der evangelischen Kirchen und Freikirchen habe ich übrigens nicht ein einziges Lied gefunden, in dem Josef vorkommt. Widmen wir ihm deshalb die folgende Strophe:

Dein sind wir! Nicht uns selbst zu leben,
dein Werk zu treiben leben wir.
Dir rege sich all unser Streben,
all unser Wirken wirke dir.

Karl Bernhard Garve (1825)

11. Josef – Randfigur oder Heiliger?

Deshalb wird der Herr euch von sich aus ein Zeichen geben: Die junge Frau wird schwanger werden und einen Sohn zur Welt bringen, den wird sie Immanuël (Gott steht uns bei) nennen.

Jesaja 7,14

Denn ein Kind ist geboren, der künftige König ist uns geschenkt! Und das sind die Ehrennamen, die ihm gegeben werden: umsichtiger Herrscher, mächtiger Held, ewiger Vater, Friedensfürst. Seine Macht wird weit reichen und dauerhafter Frieden wird einkehren. Er wird auf dem Thron Davids regieren und seine Herrschaft wird für immer Bestand haben, weil er sich an die Rechtsordnungen Gottes hält. Der Herr, der Herrscher der Welt, hat es so beschlossen und wird es tun.

Jesaja 9,5-6

Warum, so könnte man fragen, muss Josef bei der Geburt von Jesus überhaupt eine Rolle übernehmen? Das Wunder wäre ja vielleicht viel eindeutiger und glaubwürdiger, wenn es überhaupt keinen Mann im Umfeld der Maria gäbe. Stattdessen wird Josef ausdrücklich einbezogen mit den Worten: »Du sollst ihm den Namen Jesus geben«. Er soll sich so verhalten wie jeder andere Vater damals auch, und das Recht ausüben, den Namen seines Sohnes festzulegen und bekanntzugeben.

Er soll als der juristische Vater von Jesus handeln und damit in der Öffentlichkeit die Vaterschaft anerkennen. Auf unsere Kultur übertragen würde das bedeuten: Du sollst zum Standesamt gehen und ihn als deinen Sohn anmelden mit allen Pflichten und Rechten, die sich daraus ergeben.

Ist das nicht der Sohn des Zimmermanns?

Über den erwachsenen Jesus lesen wir: »Jesus war ungefähr dreißig Jahre alt, als er zu wirken anfing. Man hielt ihn für Josefs Sohn« (Lukas 3,23). Der Evangelist Markus berichtet über einen Besuch von Jesus in seiner Heimatstadt Nazareth, ohne Josef zu erwähnen: »Ist das nicht der Zimmermann, der Sohn der Maria?« (Markus 6,3). Ähnlich ist bei Matthäus zu lesen: »Ist er nicht der Sohn des Zimmermanns? Ist nicht Maria seine Mutter?« (Matthäus 13,55). Jesus hat vermutlich längst den Handwerksbetrieb des Vaters übernommen, ist selbst »der Zimmermann«. Josef ist offenbar zu dieser Zeit bereits verstorben.

Das bedeutet aber, dass Jesus für die Nachbarschaft der vorehelich gezeugte Sohn von Maria und Josef war – ein gewaltiger Makel in der damaligen Gesellschaft. Wir müssen uns klarmachen, dass die Botschaft des Engels nicht vermittelbar war. Sie blieb das Geheimnis von Maria und Josef, und sie mussten vermutlich mit dem Getratsche und den spitzen Bemerkungen im Dorf leben. Als Jesus Jahrzehnte später in Nazareth auftritt, findet er dort kaum Gehör. Wie kommt das? Ich denke, es hängt mit dem Bild zusammen, das man von Jesus und seiner Familie hatte. Vermutlich schwingt in der Frage »Ist das nicht der Sohn des Zimmermanns?« auch der Gedanke mit: »Und ausgerechnet dieser Bastard will uns etwas von Gott erzählen?« – Nein, der Gehorsam Gott gegenüber scheint sich für Josef nicht ausgezahlt zu haben. Zumindest nicht zu seinen Lebzeiten.

Göttliche und irdische Linie schneiden sich

Und doch war Josefs Rolle für Gottes Plan wichtig. Es gibt nämlich einen durchaus verständlichen Grund, warum Gott ihn einbeziehen wollte. Der Engel spricht Josef als »Sohn Davids« an. Das ist keineswegs nur ein einfacher Namenszusatz. Vielmehr stellt ihn der Engel damit in einen wichtigen geschichtlichen Zusammenhang. Es geht um mehr als um sein privates Leben und Glück. Gott will mit Josef die Geschichte fortsetzen, die er seit Jahrhunderten in Höhen und Tiefen mit seinem Volk Israel gestaltet hat. Die alte Verheißung, dass aus dem Hause Davids der erwartete Messias kommt, soll nun erfüllt werden. Aus diesem Grunde beginnt das Matthäusevangelium mit diesen Worten: »Dieses Buch berichtet über die Herkunft und Geschichte von Jesus Christus, dem Nachkommen Davids und Nachkommen Abrahams.« Anschließend listet der Evangelist die Geschlechterfolge von Abraham über David bis hin zu Josef auf.

Noch einmal will ich betonen, dass die Evangelien sich an keiner Stelle scheuen, von Josef als dem Vater von Jesus zu sprechen. Das Kind, das geboren wird, ist eben nicht nur Gottes Sohn, unmittelbar aus dem Himmel in die Welt hinein gesandt. Keine Frage: Mit Jesus beginnt etwas absolut Neues und Fremdes. Und doch ist seine Geburt zugleich die Erfüllung und Fortsetzung einer mehr als tausendjährigen Geschichte Gottes mit seinem Volk. Beide Linien ziehen sich bereits durch das Alte Testament und werden besonders beim Propheten Jesaja nebeneinander erkennbar. Da ist zum einen die irdische Linie (Jesaja 9,5-6): der Nachkomme auf dem Thron Davids, also der »Davidssohn« oder allgemeiner der »Menschensohn«. Und zugleich gibt es die himmlische, übernatürliche Linie (Jesaja 7,14): »empfangen vom Heiligen Geist«. Eine Jungfrau (oder junge Frau), die schwanger wird. Beides gehört ganz bewusst zusammen, so viel Kopfzerbrechen es uns auch bereiten mag, dass Jesus gleichzeitig ganz Gott und ganz Mensch war. In der Biografie des Ehepaars Maria und Josef kreuzen die Linien sich und werden in Jesus Christus zu einer Einheit.

Was bleibt von Josef?

Im Neuen Testament taucht Josef fast gar nicht mehr auf. Als Jesus dreißig Jahre alt ist und öffentlich zu wirken beginnt, scheint er, wie gesagt, bereits tot zu sein. Rechnet man zurück, dürfte er etwa fünfzig Jahre alt geworden sein – in damaliger Zeit eine durchaus normale Lebenserwartung. Die Familie Jesu besteht nur noch aus Maria und Jesu leiblichen Geschwistern. Was bleibt von Josef? Ist er nur noch eine Krippenfigur neben Ochse und Esel? Oder ist er ein Heiliger, zu dem man beten und den man um Fürsprache bei Jesus bitten kann? Die katholische Kirche hat ihn erst spät entdeckt. Erst seit 1621 gibt es mit dem 19. März einen

Festtag für Josef im römischen Kalender, und 1870 wurde er zum Heiligen ernannt. 1955 wurde er als Antwort auf die Gewerkschaftsbewegung der Schutzpatron der Holzfäller und Zimmerleute.

Ein Heiliger im katholischen Sinne, einer, zu dem man beten könnte, ist Josef sicher nicht. Sein Pflegesohn Jesus war ja gerade gekommen, um den unmittelbaren Zugang zu Gott zu ermöglichen und somit aller Stellvertretung durch »Heilige« den Boden zu entziehen (Hebräer 4,16). Und doch ist er ein Heiliger – einer von denen, die Paulus etwa im Epheserbrief (1,1) als Heilige bezeichnet. Einer, den Gott senden und gebrauchen wollte. Einer, der Gott vertraut und gehorcht hat. Einer wie wir, wenn wir ernsthaft als Christen leben. Und er ist einer, von dem wir lernen können, dass es Größeres gibt, als die eigenen Träume zu verwirklichen und das eigene Lebensglück auszuleben. Einer, der im Hintergrund bleibt und treu den Auftrag Gottes ausführt. Einer, der um Gottes willen den Spott der Leute erträgt, weil er nicht vermitteln kann, was Gott in seinem Leben getan und ihm aufgetragen hat. Einer, wie es nicht allzu viele gibt. Mir gefällt Josef!

Der Herr ist gut, in dessen Dienst wir stehn,
wir dürfen ihn mit Freuden Vater nennen;
wenn wir nur treu auf seinen Wegen gehn,
so lernen wir die ew'ge Liebe kennen.
Dies Wort gibt uns im Kampfe Kraft und Mut:
Der Herr ist gut.

Johann Jakob Rambach (1727)

12. Ein Junge zwischen zwei Vätern

Die Eltern von Jesus gingen jedes Jahr zum Passafest nach Jerusalem. Als Jesus zwölf Jahre alt war, nahmen sie ihn zum ersten Mal mit. Nach den Festtagen machten die Eltern sich wieder auf den Heimweg, während der junge Jesus in Jerusalem blieb. Seine Eltern wussten aber nichts davon. Sie dachten, er sei irgendwo unter den Pilgern. Sie wanderten den ganzen Tag und suchten ihn dann abends unter ihren Verwandten und Bekannten. Als sie ihn nicht fanden, kehrten sie am folgenden Tag nach Jerusalem zurück und suchten ihn dort. Endlich am dritten Tag entdeckten sie ihn im Tempel. Er saß mitten unter den Gesetzeslehrern, hörte ihnen zu und diskutierte mit ihnen. Alle, die dabei waren, staunten über sein Verständnis und seine Antworten.
Seine Eltern waren ganz außer sich, als sie ihn hier fanden. Die Mutter sagte zu ihm: »Kind, warum hast du uns das angetan? Dein Vater und ich haben dich überall gesucht und große Angst um dich ausgestanden.« Jesus antwortete: »Warum habt ihr mich denn gesucht? Habt ihr nicht gewusst, dass ich im Haus meines Vaters sein muss?« Aber sie verstanden nicht, was er damit meinte.
Jesus kehrte mit seinen Eltern nach Nazaret zurück und gehorchte ihnen willig. Seine Mutter aber bewahrte das alles in ihrem Herzen. Jesus nahm weiter zu an Jahren wie an Verständnis, und Gott und die Menschen hatten ihre Freude an ihm.

Lukas 2,41-52

Wie mag es Josef mit seiner Rolle als Erzieher von Jesus ergangen sein? Haben Maria und er ihrem Sohn wohl jemals von ihren »Weihnachtserlebnissen« rund um seine Geburt erzählt? Haben sie ihn irgendwann aufgeklärt, dass Josef gar nicht sein Vater ist? Ab wann hat Jesus gewusst, dass er der Sohn Gottes ist? Wie mag sein Verhältnis zu Josef gewesen sein? Wie mag Jesu Kindheit und Jugend wohl ausgesehen haben? Spannende Fragen, aber wir müssen wohl damit leben, dass die Bibel darüber nichts berichtet.

Jesus hat vermutlich mit den Kindern der Nachbarschaft gespielt, die Werkstatt ausgefegt, den typischen Ärger und Stress zwischen Handwerkern und Kunden miterlebt. Mehr darf man wohl nicht sagen, so gerne die Fantasie das Thema auch weiterspinnen möchte. Und Josef? Rechtlich war er jedenfalls der Vater, der Erzieher, Bibellehrer, Lehrmeister, Weisungsbefugte und natürlich der Unterhaltspflichtige. Ein ganz normaler Vater eben. Unter seiner Obhut macht Jesus einen großen Teil der Erfahrungen, von denen der Hebräerbrief (2,17-18) später sagt: »Er musste in allem seinen Brüdern gleich werden (...) Denn worin er selber gelitten hat und versucht worden ist, kann er denen helfen, die versucht werden.«

Ratlose Eltern eines merkwürdigen Zwölfjährigen

Wann und wie aber ist Jesus klar geworden, dass er auch – und in erster Linie – der Sohn Gottes ist? Aufschlussreich ist der Bericht, wie sich Jesus mit zwölf Jahren beim Besuch im Tempel verhält. Vieles spricht dafür, dass die Reise anlässlich seiner Bar-Mizwa-Feier stattgefunden hat. Das ist das Fest der Religionsmündigkeit, ein wenig vergleichbar der Konfirmation. Hier begegnet die doppelte Herkunft Jesu zum ersten Mal als Problem. »Dein Vater (Josef) und ich haben dich überall gesucht und große Angst um dich ausgestanden«, sagt Maria. Und Jesus antwortet: »Habt ihr nicht gewusst, dass ich im Haus meines Vaters (Gott) sein muss?« Zweimal wird in diesem Text vom Vater Jesu geredet, und beide Male ist etwas Unterschiedliches damit gemeint: Josef, der soziale und öffentliche Vater, und Gott, der eigentliche und verborgene Vater. Wir stolpern über den Satz von Jesus kaum noch, weil wir es gewohnt sind, Gott mit Vater anzureden. Im Judentum war das aber keineswegs üblich – und schon gar nicht für einen Zwölfjährigen. Die Frage nach dem Vater Jesu ist damit gestellt.

Was mag das wohl mit Maria und Josef gemacht haben? Jeder, der wie meine Frau und ich einmal im Urlaub längere Zeit nach seinem Kind gesucht hat, kann die Situation gut nachempfinden. Am Anfang ist da einfach der Ärger über das Verhalten des Kindes und die damit verbundenen Komplikationen. Aber irgendwann tritt das völlig zurück, und die Sorgen um das Kind nehmen einen völlig gefangen. Man stellt sich das Schlimmste vor und merkt, dass die Verzweiflung in einem hochsteigt. Wenn das Kind dann gefunden ist, ist der Ärger völlig verflogen. Atemlos fragt man noch nach, was denn eigentlich passiert sei. Aber dann ist man einfach nur noch erleichtert und glücklich.

Auch Maria und Josef werden nach drei Tagen Suche völlig verzweifelt und am Ende ihrer Kräfte gewesen sein. Und dann diese Antwort! »Warum habt ihr mich denn gesucht? Habt ihr nicht gewusst, dass ich im Haus meines Vaters sein muss?« – Nein, sie haben es nicht gewusst. Nicht in dieser Form. Sie verstehen nicht wirklich, in welcher Weise ihr Sohn von Gott als seinem Vater spricht. Sie begreifen nicht, wieso Jesus von den Gesetzeslehrern ernst genommen wird und mit ihnen diskutiert. Und sie verstehen nicht, wie er ihnen so etwas antun konnte. Was haben wir da für einen Jungen, werden sie sich ratlos gefragt haben. Die Schlussbemerkung, dass Jesus anschließend mit seinen Eltern nach Nazaret zurückkehrt und ihnen »willig gehorcht«, macht noch einmal deutlich, dass sein Verhalten unter familiären Aspekten alles andere als akzeptabel war. Es war eine Ausnahme, ein einmaliger Vorgang. Ein Ereignis mit großer symbolischer Bedeutung. Deshalb ist es auch das Einzige, das aus der Jugendzeit Jesu berichtet wird.

Gottes Sohn von Anfang an

War nun dieser Besuch im Tempel der entscheidende Punkt? Hatte Jesus dort eine Offenbarung? Die Bibel sagt dazu nichts. Was ist weiter geschehen zwischen dem zwölften und dreißigsten Lebensjahr? Hat Jesus mehr und mehr verstanden, was auf ihn zukam? Oder war erst die Taufe das nächste einschneidende Ereignis. Lukas berichtet über sie: »Der Heilige Geist kam sichtbar auf ihn herab, anzusehen wie eine Taube. Und eine Stimme sagte vom Himmel her: ›Du bist mein Sohn, dir gilt meine Liebe, dich habe ich erwählt‹« (Lukas 3,22).

Manche Ausleger behaupten, dass der Mensch Jesus erst in der Taufe von Gott adoptiert worden und dadurch zu Gottes Sohn geworden ist. Bibelkritische Theologen, die eine reale Gottessohnschaft gar nicht gelten lassen, gehen sogar davon aus, dass Jesus bei der Taufe nur ein rein subjektives Berufungserlebnis hatte. Aber der Bericht vom Zwölfjährigen im Tempel macht deutlich, dass Jesus bereits zu dieser Zeit wusste, dass er in besonderer Weise Gottes Sohn war. Ja mehr noch, er war Gottes Sohn von Anfang an. Paulus schreibt: »Als aber die Zeit gekommen war, sandte Gott seinen Sohn. Der wurde als Mensch geboren und dem Gesetz unterstellt« (Galater 4,4). In den weiteren Kapiteln wird dies noch deutlicher werden.

Schönster Herr Jesu, Herrscher aller Enden,
Gottes und Marien Sohn,
dich will ich lieben, dich will ich ehren,
du meiner Seele Freud und Kron.

Unbekannter Autor (1677)

13. Jesus – der einzige Weg zu Gott?

Als aber die Zeit gekommen war, sandte Gott seinen Sohn. Der wurde als Mensch geboren und dem Gesetz unterstellt, um alle zu befreien, die unter der Herrschaft des Gesetzes standen. Durch ihn wollte Gott uns als seine mündigen Söhne und Töchter annehmen. Weil ihr nun Gottes Söhne und Töchter seid, gab Gott euch den Geist seines Sohnes ins Herz. Der ruft aus uns: »Abba! Vater!« Du bist also nicht länger Sklave, sondern mündiger Sohn und mündige Tochter, und wenn du das bist, dann bist du nach Gottes Willen auch Erbe: Du bekommst, was Gott Abraham versprochen hat.

Galater 4,4-7

Es ist ein weit verbreitetes Missverständnis, dass alle Menschen von Natur aus Gottes Kinder sind. Natürlich reden wir Gott im Vaterunser-Gebet als unseren Vater an. In der Tat sollen und dürfen wir das tun. Aber es ist nicht so selbstverständlich, wie wir immer meinen. Vielmehr ist es erst mit dem Kommen von Jesus zu einer Option, einer Möglichkeit geworden. Johannes schreibt: »Er kam in seine eigene Schöpfung, doch seine Geschöpfe, die Menschen, wiesen ihn ab. Aber allen, die ihn aufnahmen und ihm Glauben schenkten, verlieh er das Recht, Kinder Gottes zu werden« (Johannes 1,12-13). – Zu werden! Sie sind es zunächst einmal nicht, und ob sie es wirklich werden, hängt von der Frage ab, ob sie an Jesus glauben. Noch schärfer wird dies in Johannes 3,36 formuliert: »Wer sich an den Sohn hält, hat das ewige Leben. Wer nicht auf den Sohn hört, wird niemals das Leben finden; er wird dem Zorngericht Gottes nicht entgehen.« Er bleibt unter dem Zorn Gottes, übersetzt Luther. Werden und bleiben – das sind die zentralen Worte.

Der Tag, der alles änderte

Von Natur aus sind wir also nur Gottes Geschöpfe. Das ist auch etwas Wichtiges und Wertvolles. Dennoch müssen wir zur Kenntnis nehmen, dass wir durch den Sündenfall die enge Beziehung zu Gott, die für das Leben im Paradies vorgesehen war, verloren haben. Seitdem sind wir zunächst einmal von Gott getrennt. Gott ist nicht mehr der vertraute Vater, sondern er ist der Heilige, und er ist unser Richter. Wir sind letztlich ohne Chance, vor ihm zu bestehen. Bis Jesus geboren wird!

Auch Paulus betont im oben abgedruckten Briefausschnitt an die Galater, dass wir erst durch Jesus zu Gottes Kindern werden. Wir sind dann etwas, das wir zuvor nicht waren: Gottes Adoptivkinder. Das zählt. Es ist das Beste im Leben, das ein Mensch erlangen kann (1. Johannesbrief 3,1). Aber es ist noch etwas anderes als die Sohnschaft von Jesus, der als Einziger Gottes Sohn von Anfang an war. Zweck und Ziel der Geburt von Jesus ist es, dass wir von Gott wieder als Kinder angenommen werden und ihn als Konsequenz mit »Abba«, Vater oder auch Papa anreden dürfen. Als Gottes Stunde für diese Wende in der Geschichte der Welt und Menschheit da war, ereignete sich Weihnachten. Gott sandte Jesus, seinen Sohn. Paulus deutet an, dass dies noch jede Menge weitere Konsequenzen hat. Er nennt das unser »Erbe«. Aber darauf können wir hier nicht weiter eingehen. Wichtig ist: Ohne Weihnachten könnten wir nicht unbefangen und zuversichtlich Gott gegenübertreten.

Jesus – der einzige Weg zu Gott?

Diese deutlichen Sätze über die große Bedeutung von Jesus nötigen uns aber auch, ein weiteres heißes Eisen anzupacken. Es lautet: Ist Jesus deshalb auch der einzige Weg zu Gott? Für viele ist diese Aussage die schwierigste Hürde überhaupt. In Gesprächen mit Menschen, die auf der Suche nach Gott sind, erlebe ich es immer wieder, dass sie an diesem Punkt nicht mehr mitkönnen. Es mag ja sein, dass Jesus uns wirklich in die Gemeinschaft mit Gott zurückführt, sagen sie. Aber gibt es nicht auch andere Wege zu Gott? Was ist mit den anderen Religionen? Nehmen die Christen sich nicht einfach zu wichtig und den Mund viel zu voll?

Halten wir zunächst fest, dass das Wort vom »einzigen Weg zu Gott« kein Anspruch der Christen ist, sondern eine Aussage, die Jesus selbst über sich macht: »Ich bin der Weg; einen anderen Weg zum Vater gibt es nicht« (Johannes 14,6). Das bedeutet: Nicht die Christen beanspruchen, die allein seligmachende Religion zu haben, sondern Christus behauptet, der einzige Weg zu sein. Von diesem Anspruch berichten wir lediglich. Er ist für uns nicht verhandelbar, weil auch wir ihn nur zur Kenntnis nehmen können. Als ein

Attribut und Recht Christi könnte nur er selbst darauf verzichten. Wir aber haben keinerlei Verfügungsrecht darüber. Aber gibt es für den »Alleinanspruch« Christi überhaupt nachvollziehbare Argumente? Oder müssen wir sagen: So ist es eben. Das musst du glauben.

Ein Problem aller Zeiten und Kulturen

Ganz so schnell möchte ich mich damit nicht zufriedengeben. Ich finde bei Paulus nämlich zwei Begründungen, die mir einen Zugang zu dieser Frage bieten. Die erste findet sich in 1. Korinther 15,21f. Dort stellt Paulus Adam und Christus einander gegenüber. Durch Adams Sünde ist ein Problem entstanden, das alle Menschen in allen Kulturen und zu allen Zeiten betrifft. Alle Menschen sind seitdem von Gott getrennt und haben die Lebensmöglichkeiten verloren, die ihnen in der Schöpfung eigentlich zugedacht waren. Dieses welt- und menschheitsweite Grundübel löst Jesus auf, indem er für alle Menschen, ebenfalls in allen Kulturen und Zeiten, stirbt. Die für mich durchaus nachvollziehbare Logik lautet also: Das globale Problem, das aus einem einzigen Ereignis entstanden ist und das die ganze Menschheit betrifft, braucht eine spiegelbildliche, ebenfalls globale Lösung. Ein gleichermaßen gewichtiges Ereignis, das die Problematik für die ganze Menschheit löst, ist nötig. Diese Lösung heißt Jesus Christus.

Manche fragen an dieser Stelle weiter: Könnte Gott nicht viele verschiedene Wege benutzt haben, um dieses Ziel zu erreichen? In der christlichen Theologie hat man versucht nachzuweisen, dass es für Gott überhaupt keine Alternative zu Jesus gab. Meine Antwort ist eine andere, und ich finde sie im Kolosserbrief. Sie ist erstaunlich banal und zugleich zwingend: »Gott gefiel es, in Jesus die ganze Fülle des Heils Wohnung nehmen zu lassen. Durch ihn wollte Gott alles versöhnen« (Kolosser 1,19-20). Hätte Gott die Erlösung auch anders bewerkstelligen können? Ja, sicher doch. Aber es hat ihm nun einmal nicht gefallen, egal, wie wir darüber denken. Sein Weg heißt Jesus Christus. So wollte es Gott. So und nicht anders. Die anderen Religionen sind deshalb aus biblischer Sicht gut gemeinte, letztlich aber doch unzureichende Versuche der Menschen, von sich aus die Brücke zu Gott zu schlagen.

Erlösung nach meiner Façon?

Damit sind wir aber noch einmal in ganz anderer Weise auf Adam verwiesen. Beim Sündenfall ging es ja nicht um die Frage, ob es einen Gott gibt und ob dieser Gott an unserem Leben teilhaben durfte oder nicht. Es ging vielmehr darum, welche Rolle Gott dem Menschen gegenüber wahrnehmen sollte. Adam konnte es nicht ertragen, dass Gott über ihm stand. Er wollte den provozierenden Unterschied beseitigen und selbst wie Gott sein. Deshalb aß er von dem Baum, der den Unterschied zwischen Gott und ihm markierte. Vor derselben Frage stehen wir heute, wenn der souveräne Gott uns die Hand reicht und uns in Jesus einen Weg zu sich anbietet. Lasse ich Gott Gott sein, oder stelle ich mich über ihn und sage: Wie ich erlöst werde, das entscheide immer noch ich! Welchen Weg ich gehen möchte, suche ich mir selbst aus. Oder danke ich Gott für sein Geschenk, das er mir zu Weihnachten machen will?

Die Engel mit ihrer ganz anderen und viel tieferen Perspektive begreifen die Zusammenhänge und sprechen es uns zu: »Ich habe eine große Freudenbotschaft für euch und für das ganze Volk. Heute ist euch der Retter geboren worden, in der Stadt Davids: Christus, der Herr!« (Lukas 2,10-11). An dieser Stelle hört alles Nachdenken, Argumentieren und Reden auf. Es ist der Punkt des Staunens, der Freude, der Dankbarkeit und der Anbetung. Und der Punkt, an dem wir wirklich etwas zu feiern haben: Weihnachten.

O du fröhliche, o du selige,
gnadenbringende Weihnachtszeit!
Welt ging verloren, Christ ist geboren:
Freue, freue dich, o Christenheit!

Johannes Falk (1819)

14. Das Wort der Schöpfung wurde Mensch

Am Anfang war das Wort. Das Wort war bei Gott, und in allem war es Gott gleich. Von Anfang an war es bei Gott. Alles wurde durch das Wort geschaffen; und ohne das Wort ist nichts entstanden. In ihm war das Leben, und dieses Leben war das Licht für die Menschen. (…)
Das wahre Licht, das in die Welt gekommen ist und nun allen Menschen leuchtet, ist Er, der das Wort ist. Er, das Wort, war schon immer in der Welt, die Welt ist durch ihn geschaffen worden, und doch erkannte sie ihn nicht. Er kam in seine eigene Schöpfung, doch seine Geschöpfe, die Menschen, wiesen ihn ab. Aber allen, die ihn aufnahmen und ihm Glauben schenkten, verlieh er das Recht, Kinder Gottes zu werden. – Das werden sie nicht durch natürliche Geburt oder menschliches Wollen und Machen, sondern weil Gott ihnen ein neues Leben gibt. Er, das Wort, wurde ein Mensch, ein wirklicher Mensch von Fleisch und Blut. Er lebte unter uns, und wir sahen seine Macht und Hoheit, die göttliche Hoheit, die ihm der Vater gegeben hat, ihm, seinem einzigen Sohn. Gottes ganze Güte und Treue ist uns in ihm begegnet.

Johannes 1,1-4 und 9-14

Die Berichte der Evangelisten Matthäus und Lukas über die Geburt Jesu sind bekannt und populär. Und doch sagen sie so gut wie nichts über die Hauptperson aus: Jesus. Es gibt aber noch eine weitere Weihnachtsgeschichte im Neuen Testament. Eine, die nichts von den Engeln, Hirten und Weisen erzählt, die für uns Weihnachten so schön machen. Es ist eine eher nüchterne, philosophisch anmutende Darstellung – obendrein etwas kompliziert. Und doch ist es im Grunde die spannendste aller Weihnachtsgeschichten. Diejenige, die uns die tiefsten Einblicke in das Geheimnis der Geburt Jesu gewährt. Die Rede ist vom Beginn des Johannesevangeliums, dem sogenannten Johannes-Prolog.

Schon an der Schöpfung beteiligt

Johannes geht in seiner Weihnachtsgeschichte bis an den ersten Schöpfungstag zurück. Der atemberaubende Text sagt nichts Geringeres, als dass Jesus schon vor der Entstehung der Welt nicht nur bei Gott war, sondern gleichzeitig selbst Gott ist. Das bedeutet: Jesus ist weit, weit mehr als ein besonderer Mensch. Er ist der »Logos«, das Wort Gottes. Der Ur-Impuls, durch den alles geschaffen wurde. Er ist Gottes Kraft und gleichzeitig Gott selbst. Und dieser Impuls Gottes hat sich – man fasst es nicht! – verkörpert, inkarniert, materialisiert. Er ist in die Welt gekommen und ein Mensch geworden: Jesus Christus. Das ist die eigentliche Sensation von Weihnachten!

Vielen Menschen, durchaus auch Christen, sind diese Aussagen fremd. Aber sie begegnen uns keineswegs nur in der Weihnachtsgeschichte des Johannes. Auch bei zwei biblischen Autoren, die völlig anderen theologischen Traditionen angehören als Johannes, lesen wir ganz Ähnliches. Paulus schreibt: »In ihm (Christus) ist alles erschaffen worden, was im Himmel und auf der Erde lebt, die sichtbaren Geschöpfe auf der Erde und die unsichtbaren im Himmel – die Thronenden, die Herrschenden, die Mächte, die Gewalten. Alles hat Gott durch ihn geschaffen, und alles findet in ihm sein letztes Ziel. Er steht über allem, und alles besteht durch ihn« (Kolosser 1,16-17). Und im Hebräerbrief heißt es: »Jetzt, am Ende der Zeit, hat er (Gott) zu uns gesprochen durch den Sohn. Ihn hat Gott dazu bestimmt, dass ihm am Ende alles als sein Erbbesitz gehören soll. Durch ihn hat er auch am Anfang die Welt geschaffen. Die ganze Herrlichkeit Gottes leuchtet in ihm auf; in ihm hat Gott sein innerstes Wesen sichtbar gemacht. Durch sein machtvolles Wort sichert er den Bestand des Weltalls« (Hebräer 1,2-3).

Der einzig-geborene Sohn Gottes

Doch zurück zu den ersten Versen des Johannesevangeliums. Wir finden dort nämlich noch eine weitere zentrale Aussage über Jesus: Er ist der Sohn Gottes (Johannes 1,14). Wieder einmal begegnen wir Zusammenhängen, die wir uns nicht wirklich vorstellen können, weil es nichts Vergleichbares in unserer menschlichen Erfahrungswelt gibt. Wie kann Jesus gleichzeitig als Gott, als Gottes Wort und als Sohn Gottes bezeichnet werden? Wir berühren damit das Geheimnis der Dreieinigkeit Gottes. Darauf näher einzugehen, ist ohne Frage interessant, würde hier aber den Rahmen sprengen und die Gedankenführung verkomplizieren. Stattdessen gehen wir hier dem Begriff des »einzigen Sohnes« nach.

Johannes spricht in seiner Weihnachtsgeschichte vom »einzig-geborenen Sohn (gr. *monogenäs*), der vom Vater kommt« (1,14). Das heißt, Jesus ist der Einzige (*mono*), der seiner Herkunft nach von Gott stammt. Wir können, wie wir bereits im letzten Kapitel gesehen haben, Gottes Adoptivkinder werden (Johannes 1,12) und sind es dann auch tatsächlich (1. Johannesbrief 3,1). Aber von Natur aus sind wir es nicht. Anders Jesus. Er wurde Gottes Sohn nicht erst durch eine Adoption, etwa bei der Taufe, wo Gott ihn vor Zeugen als seinen geliebten Sohn bezeichnet (Matthäus 3,17). Und er ist es auch nicht durch die »Jungfrauengeburt« geworden. Er ist es schon immer, lange bevor er die Erde betritt. »Jungfrauengeburt« und Taufe schaffen keine neuen Tatsachen im Blick auf Jesus, sondern sind Zeichen, Hinweise an uns. Sie werden uns überliefert, um uns das völlig Unbegreifliche einigermaßen spürbar werden zu lassen. Wir sollen begreifen: Jesus ist in einzigartiger Weise Gottes Sohn.

Und das alles aus Liebe zu uns!

Einige Kapitel weiter begegnet uns der ungewöhnliche Begriff im Johannesevangelium noch einmal, und wir erfahren den Grund der ganzen Weihnachtsaktion: »Gott hat die Menschen so sehr geliebt, dass er seinen einzigen (*monogenäs*) Sohn hergab. Nun werden alle, die sich auf den Sohn Gottes verlassen, nicht zugrunde gehen, sondern ewig leben« (Johannes 3,16). Die letzte Erklärung für das Projekt Weihnachten liegt also im Wesen Gottes begründet. Gott ist – trotz allem, was uns an ihm bedrohlich erscheinen mag – seinem Wesen nach Liebe (1. Johannesbrief 4,16).

Liebe ist aber nichts Abstraktes. Sie ist immer auf ein Gegenüber ausgerichtet. Wenn es heißt, dass Gott Liebe ist, dann bedeutet dies, dass ihn durch und durch die Sehnsucht nach einer positiven Beziehung prägt. Aus diesem Grund – nur aus diesem Grund! – gibt es diese Welt und uns Menschen. Gott gäbe es auch ohne uns und die Welt. Aber er hat offensichtlich den Wunsch nach einem Gegenüber, weil dies seinem Wesen entspricht. Deshalb schafft er sich die Menschen. Etwas zugespitzt kann man sagen: Es gibt uns, weil Gott ein Gegenüber wollte, das er lieben konnte. Die Ebenbildlichkeit des Menschen zielt genau auf diesen Punkt. Der Mensch sollte ein Gegenüber Gottes sein, nicht um mit ihm zu diskutieren, nicht um von ihm Vorteile und Hilfe zu erbetteln, sondern um ihm in Liebe zu begegnen.

Die zweite Staffel hat begonnen

Die Liebe Gottes ist der Schlüssel zum Verständnis der gesamten Bibel. Sie ist letztlich nichts anderes als die größte Lovestory aller Zeiten. Auf ihren ersten Seiten beschreibt sie die kreative Liebe des Schöpfers. Doch schon bald ist von einer enttäuschten Liebe zu reden. Durch den Sündenfall ist die Liebe Gottes zutiefst getroffen. Wie soll es weitergehen? Ist die Liebesgeschichte damit schon zu Ende, so kurz nach ihrem Beginn? Nein, es gibt eine Fortsetzung. Eine zweite Staffel, würde man bei einer Fernsehserie sagen, und Weihnachten ist ihr Auftakt. Aber es geht um keinen Film, nicht um Träume und Fantasien, sondern um die Realität. Der Schöpfer setzt noch einmal neu an. Und er schickt nicht irgendeinen Boten, sondern kommt selbst. In der Gestalt und Person von Jesus. Und das mit all der Macht, mit der er diese Welt in ihre Existenz gerufen hat. Atemberaubend, oder?

Jesus ist kommen, Grund ewiger Freude;
A und O, Anfang und Ende steht da.
Gottheit und Menschheit vereinen sich beide;
Schöpfer, wie kommst du uns Menschen so nah!
Himmel und Erde, erzählet's den Heiden:
Jesus ist kommen, Grund ewiger Freuden.

Johann Ludwig Konrad Allendorf (1736)

15. Danke, wir brauchen nichts!

In Christus hat Gott selbst gehandelt und hat die Menschen mit sich versöhnt. Er hat ihnen ihre Verfehlungen vergeben und rechnet sie nicht an. Diese Versöhnungsbotschaft lässt er unter uns verkünden. Uns Aposteln hat Christus den Auftrag und die Vollmacht gegeben, diese Botschaft überall bekannt zu machen. Ja, Gott selbst ist es, der durch uns die Menschen ruft. So bitten wir im Auftrag von Christus: »Bleibt nicht Gottes Feinde! Nehmt die Versöhnung an, die Gott euch anbietet!« Gott hat Christus, der ohne Sünde war, an unserer Stelle als Sünder verurteilt, damit wir durch ihn vor Gott als gerecht bestehen können.

2. Korinther 5,19-21

Auf der Insel Langeoog wurde ich vor Kurzem Zeuge einer dramatischen Rettungsaktion. Vor dem Badestrand der Urlauber hatte sich im Lauf der Jahre eine gewaltige Sandbank aufgebaut, die bei Ebbe zu weiten Spaziergängen einlud. Jeder Urlauber wusste aber, dass dies sehr gefährlich wird, sobald das Wasser wieder aufzulaufen beginnt. Zwischen Sandbank und Strand bildeten sich nämlich regelmäßig Priele mit einer so starken Strömung, dass auch gute Schwimmer ins Meer hinausgezogen wurden. Überall auf der Insel gab es Aushänge, und täglich wurden neu angereiste Gäste in den »Inselinfos« darauf hingewiesen. An der Stelle, an der die Sandbank mit dem Strand verschmolz, waren Hinweisschilder aufgestellt. Mehr konnte man wirklich nicht tun. Das hinderte eine Familie mit zwei kleinen Kindern trotzdem nicht daran, immer weiter auf der Sandbank entlangzulaufen, bis ihnen der Rückzug abgeschnitten war.

Jesus, der ersehnte Retter?

Da es noch hell war und Spaziergänger am Strand die Situation beobachtet hatten, wurden sie rechtzeitig entdeckt und konnten schließlich durch zwei Einsätze eines Rettungshubschraubers gerettet werden. Gewiss eine unvergessliche Erfahrung für die Familie. Wie werden sie auf die Ankunft der Retter gewartet haben, und wie froh werden sie gewesen sein, als sie abends wieder in ihrem Ferienquartier durchatmen konnten! Rettung durch ein Rettungsboot, einen Hubschrauber oder die Feuerwehr – das können wir gut nachvollziehen. Sanitäter und Notärzte sind wichtig und werden herbeigesehnt. Aber Jesus Christus?

»Euch ist heute der Retter geboren« verkündigen die Engel. Die Hirten damals warteten wie das ganze Volk auf den Messias, und vermutlich dachten sie dabei wie auch die Jünger später an die Befreiung von der Vorherrschaft der Römer. Aber daraus wurde nichts. Im Gegenteil. Als das Kind, dessen Geburt in so beeindruckender Weise angekündigt wird, ein junger Mann von dreiunddreißig Jahren ist, nehmen eben diese Römer ihn fest und richten ihn hin. Und der »Friede auf Erden«, von dem die Engel so begeistert singen, hat sich offenkundig weder damals noch in den

Jahrhunderten danach eingestellt. Zumindest nicht der militärische, politische oder soziale Friede. Was sollen wir also mit der Behauptung anfangen, dass in jener Nacht der Retter geboren wurde? Noch dazu der Retter der ganzen Welt.

Unerwünschte Rettung?

Viele Christen, die wissen, wie wichtig Jesus Christus für Zeit und Ewigkeit ist, versuchen gerade in der Weihnachtszeit durch Veranstaltungen, Gespräche oder auch Literatur darauf hinzuweisen, dass es an Weihnachten um ein wichtiges und ernstes Thema geht. Aber sie erleben, dass die Offenheit und Sensibilität dafür von Jahr zu Jahr geringer wird. Die Bemühungen, Menschen den Glauben an Jesus nahezubringen, werden immer mühsamer und frustrierender. Auf einer Tagung für Mission und Evangelisation, an der ich teilnahm, war der Tenor aller Referenten: Die Gemeinde ist kein Ausflugsdampfer, sondern ein Rettungsschiff. Wir müssen wieder viel aktiver werden – so wie früher. Wir müssen unsere Komfortzone verlassen und den Menschen von Gottes Liebe zu den verlorenen Menschen erzählen.

Ich fürchte, dass diese Sicht an der Realität weitgehend vorbeigeht. Die traurige Wahrheit ist: Kein Mensch will gerettet werden. Niemand hat den Eindruck, in Gefahr zu sein und einen Retter zu brauchen. Um noch einmal auf den Rettungshubschrauber von Langeoog zurückzukommen: Als Abwechslung im Urlauberalltag ist so ein Einsatz ja durchaus spannend und interessant. Dann reicht es aber auch. Käme der Hubschrauber öfter, gäbe es sehr bald Beschwerden über den Lärm, den Dieselgestank und die Störung beim Fotografieren der idyllischen Abendstimmung.

Jesus selbst hat es später auch erlebt, dass längst nicht alle Menschen, denen er die Einladung ins Reich Gottes überbringen wollte, positiv darauf reagiert haben. Das hat ihn sogar zum Weinen gebracht (Lukas 19,41-44). Seine Jünger desillusioniert er von vornherein und bereitet sie darauf vor: Wenn jemand das Evangelium nicht hören will, dann sollen und dürfen sie den »Staub von ihren Füßen schütteln« und weitergehen (Matthäus 10,14). Stattdessen sollen sie sich auf »reife Felder« konzentrieren (Matthäus 9,35-38), nämlich auf Menschen, die wissen, wie verloren sie ohne Gott sind und das Angebot der Rettung gerne annehmen. Die Wahrheit ist sogar: Nur eine kleine Minderheit vertraut sich bis heute dem Retter, dem »Heiland« Jesus Christus, ernsthaft an. Ist das Ganze deshalb letztlich ein Misserfolg?

Gott selbst ist betroffen

Aus Gottes Sicht sicher nicht. Wir müssen nämlich verstehen, dass es bei der Rettungsaktion zu Weihnachten nicht nur um uns Menschen geht. Es geht auch um Gottes eigene Interessen, wenn ich das mal so menschlich formulieren darf. Um das zu verstehen, müssen wir uns den Sündenfall noch einmal etwas genauer anschauen. Wir konzentrieren uns nämlich schnell auf die Konsequenzen, die diese Katastrophe für unsere Welt hatte. Es ist wohl wahr, die gesamte

Schöpfung ist beschädigt worden. Sogar die unbelebte Natur seufzt und wartet auf Erlösung (Römer 8,22). Und natürlich leidet die Menschheit. Aber es geht um mehr. Auch Gott selbst ist betroffen.

Gott leidet daran, dass seine Welt zerstört und seine Liebe nicht erwidert wurde. Seine Idee vom Paradies wurde zunichte gemacht! Aber Gott findet sich damit nicht ab, sondern macht sich daran, den Menschen eine Brücke zu bauen, die zu ihm zurückführt. Am Ende, so berichtet es die Offenbarung (21,1-7), wird es das Paradies doch noch geben. Als neuen Himmel und neue Erde, als Gottes neue Welt. Weil Gott es so will. Aber die neue Welt soll nicht leer sein, sondern der Ort ungebrochener Gemeinschaft zwischen Gott und Menschen. Deshalb verfolgt Gott seinen Plan unbeirrt, und die Geburt seines Sohnes Jesus ist ein wesentlicher Teil davon.

Zugegeben, in den ersten Kapiteln der Bibel wird die eigene Betroffenheit Gottes nicht weiter ausgeführt. Und doch spricht der Fortgang der Geschichte Israels seine eigene Sprache. Erst recht wird dies im Neuen Testament deutlich. Denken wir etwa an die bekannte Geschichte vom verlorenen Sohn (Lukas 15,11ff). Der Vater wartet mit blutendem Herzen auf sein Kind. Gott verfolgt durch die Geschichte der Menschheit hindurch das Ziel, dass Menschen wieder zu ihm finden und ihm in Liebe nachfolgen können. Die Vertreibung aus dem Paradies war nicht das, was Gott wollte. Vielmehr ist sie für ihn eine schmerzliche Wunde, und er will sie überwinden. Aber Gott übersieht den Sündenfall auch nicht einfach und tut so, als sei nichts geschehen.

Gott ist und bleibt heilig

Man mag sich an dieser Stelle fragen: Warum zieht Gott denn nicht einfach einen Schlussstrich, erlässt uns die Schuld und fängt mit uns neu an? Generalamnestie für alle – und allen ist geholfen. Hier sind wir am wirklichen Kern des Problems. Es muss ein letztes Geheimnis geben, das wir Menschen nicht verstehen. Ich bin überzeugt: Die uns so hart erscheinende Konsequenz Gottes hängt offensichtlich mit seinem eigenen, uns letztlich verborgenen Wesen zusammen. Es geht um Gottes Heiligkeit. Gott ist in sich eindeutig, rein, authentisch, unvermischt, identisch – eben heilig. Er verleugnet sich und sein Wesen nicht. Auch nicht um der Menschen willen. Er gibt seine Maßstäbe nicht einfach auf, indem er die Schuld der Menschen übersieht oder bagatellisiert. Er bleibt der heilige Gott und ist doch zugleich der liebende Schöpfer der problematischen Menschen.

Aus dieser Spannung zwischen Liebe und Heiligkeit ergibt sich, dass Gott nicht einfach alles wegwischt. Stattdessen ersinnt er einen unglaublichen Plan und ergreift eine Initiative, auf die niemand gekommen wäre: Jesus Christus. Wie durch den ersten Adam alle Menschen dazu verurteilt waren, sich ohne Gott durchs Leben zu schlagen, so soll es durch Jesus, den zweiten Adam, für alle wieder möglich werden, als Gottes Kinder unbefangen in seiner Nähe zu leben (1. Korinther 15,20f).

Es beginnt mit Weihnachten, aber der Weg dorthin ist noch weit. Er führt über das Kreuz und die Auferstehung. Das Ziel ist klar: Gott heilt die Zerrissenheit, das Defizit des

Menschen. Die Vertreibung aus dem Paradies wird aufgehoben. An die Stelle von Gottes Gericht treten seine Gnade und Liebe. Allen Menschen wird Rettung angeboten. Sie sollen heil und mit Gott versöhnt werden. Deshalb kommt Jesus, der »Heiland«, der Retter. So fatal das ist: Gegen seinen Willen wird niemand geheilt und gerettet. Im Himmel gibt es nur Freiwillige. Wie kann man das den Menschen nur verständlich machen?

Dies ist die Nacht, da mir erschienen
des großen Gottes Freundlichkeit.
Das Kind, dem alle Engel dienen,
bringt Licht in meine Dunkelheit,
und dieses Welt- und Himmelslicht
weicht hunderttausend Sonnen nicht.

Kaspar Friedrich Nachtenhöfer (1684)

16. Engel fliegen nicht wie Batman!

In jener Gegend waren Hirten auf freiem Feld, die hielten Wache bei ihren Herden in der Nacht. Da trat der Engel des Herrn zu ihnen, und die Herrlichkeit des Herrn umstrahlte sie, und sie fürchteten sich sehr. Aber der Engel sagte zu ihnen: »Habt keine Angst! Ich habe eine große Freudenbotschaft für euch und für das ganze Volk. Heute ist euch der Retter geboren worden, in der Stadt Davids: Christus, der Herr! Und dies ist das Zeichen, an dem ihr ihn erkennt: Ihr werdet ein neugeborenes Kind finden, das liegt in Windeln gewickelt in einer Futterkrippe.« Und plötzlich war bei dem Engel ein ganzes Heer von Engeln, all die vielen, die im Himmel Gott dienen; die priesen Gott und riefen: »Groß ist von jetzt an Gottes Herrlichkeit im Himmel; denn sein Frieden ist herabgekommen auf die Erde zu den Menschen, die er erwählt hat und liebt!«

Lukas 2,8-14

Wer sich insbesondere in der Weihnachtszeit in unseren Städten umschaut, merkt schnell: Engel haben Konjunktur. Sie machen das Einkaufen zum himmlischen Vergnügen; sie helfen Versicherungen bei der Vermarktung ihrer Produkte, und sie bringen – vorzugsweise als Blondinen – in zahlreichen Filmen die Herzen zum Schmelzen. Zwar gibt es auch viele aufgeklärte Zeitgenossen, die den neuen Kult verachten. Aber auf der anderen Seite hat die Esoterik die

Engel neu salonfähig gemacht. Es gibt inzwischen eine ganze Reihe von Kultstätten und Veranstaltungen, an denen man Engel verehren und ihre Dienste in Anspruch nehmen kann.

Engelchen und Gartenzwerge

Geht man in eine alte Kirche, so kann es dort unter Umständen von Engeln nur so wimmeln. Aber die kleinen, pausbäckigen Engelchen, die seit dem 5. Jahrhundert viele Säulen zieren, haben mit den Engeln der Bibel nichts gemeinsam. Solche »Putten« sind vielmehr die Verwandten der Gartenzwerge, die ursprünglich als gute Erdgeister und freundliche Gnome das Haus beschützen sollten.

Für die Bibel ist jedoch klar, dass es echte Engel gibt. Mehr als 300-mal begegnen sie uns in Gottes Wort. Wenn wir uns die Berichte anschauen, fällt so manche volkstümliche Vorstellung von Engeln in sich zusammen. Engel sind zum Beispiel keineswegs immer liebliche, freundliche Wesen, sondern haben sehr unterschiedliche Funktionen. Es ist ein Engel, der dafür sorgt, dass Adam und Eva nicht mehr ins Paradies zurückkehren können. Auch in der Offenbarung sind Engel die Vollstrecker des göttlichen Willens. Sie blasen die Posaunen und lösen damit Gottes Gerichte aus (Offenbarung 8).

Engel müssen keine Distanzen überwinden

Viele Zeitgenossen haben – aller Aufklärung zum Trotz – immer noch die Vorstellung, dass die Welt unten und der Himmel irgendwo oben ist. Wenn nun ein Wesen aus dem Himmel in unsere Welt eintreten soll, stellt sich bei einem solchen Weltbild die Reisefrage. Die Antwort liegt scheinbar auf der Hand: Engel brauchen Flügel, um die Distanz zwischen Himmel und Erde zu überwinden. Das Weltbild des Neuen Testaments ist jedoch ganz anders. Der unsichtbare, geistliche Bereich und die sichtbare, materielle Welt sind ineinander verwoben. Himmel und Erde existieren gleichzeitig. Der Himmel ist kein bestimmter Ort, sondern er ist überall dort, wo Gott regiert. Engel müssen deshalb keine Distanzen überwinden, sondern lediglich ihre Daseinsform wechseln. Sie müssen sich »materialisieren« und Teil dieser Welt werden. Sie sind Grenzgänger zwischen den Welten.

Engel fliegen nicht umher wie Vögel oder Batman. Als Jakob im Traum die Himmelsleiter sieht (1. Mose 28,12), steigen an ihr zahlreiche Engel hinauf und hinab. Auf Leitern fliegt man nicht; Gottes Engel kommen in der Regel zu Fuß. Selbst in der Weihnachtgeschichte heißt es nur, dass die Engel – wie später Jesus selbst – zum Himmel »auffuhren« (Lukas 2,15). Sie kehren in die unsichtbare Wirklichkeit bei Gott zurück und entziehen sich den Blicken der Menschen. Aber dazu brauchen sie keine Flügel. Nur bei den Cherubim (2. Mose 25,20) und Serafim (Jesaja 6,2) sowie bei den geheimnisvollen Gestalten der Offenbarung (4,8) ist von Flügeln die Rede. Für die Tätigkeit auf der

Erde. Aber nirgends wird berichtet, dass Engel bei ihren irdischen Aufgaben geflogen wären. Vielmehr ist es so, dass Menschen, die Engeln begegnen, zunächst gar nicht wissen, um wen es sich handelt (Hebräer 13,2). Die Engel müssen also keine besonderen äußeren Merkmale haben, sondern können wie normale Menschen aussehen. Auch wenn ihre Erscheinung auf den Feldern von Bethlehem darüber offenbar weit hinausging. Aber da ging es ja auch um einen ganz besonderen Einsatz.

Diener Jesu und Helfer der Apostel

Im Leben Jesu spielen Engel eine selbstverständliche Rolle, und das nicht nur in der Weihnachtsgeschichte. Nach der überstandenen Versuchung durch den Teufel und später in Gethsemane wird Jesus von einem Engel gestärkt. Beim Verhör sagt Jesus, dass er Legionen von Engeln herbeirufen könnte, wenn er das wollte. Ein Engel ist es, der die Auferstehung verkündigt, und als die Jünger nach der Himmelfahrt Jesu ratlos in den Himmel schauen, ist es ein Engel, der ihnen sagt, was sie als Nächstes tun sollen. Auch in der Geschichte der beginnenden Mission spielen Engel eine wichtige Rolle. Es bedarf des Einsatzes eines Engels, damit Petrus bereit wird, sich den »Heiden« zu öffnen und das Haus des Nichtjuden Kornelius zu betreten (Apostelgeschichte 10,3). Wenig später wird er von einem Engel aus dem Gefängnis befreit (Apostelgeschichte 12). Auch Paulus erlebt die Hilfe von Engeln auf dem Weg nach Rom (Apostelgeschichte 27,23).

Eins-zu-eins-Betreuung durch Schutzengel?

Bei einer Umfrage des Meinungsforschungsinstituts Emnid im Jahre 2012 gaben 43 Prozent der Frauen und 26 Prozent der Männer an, dass sie an die Existenz von Engeln glauben. Interessant ist, dass dabei nicht etwa die ältere Generation ab 60 Jahren (37 Prozent) den höchsten Anteil ausmacht, sondern die 40- bis 49-Jährigen mit 46 Prozent. In den USA ist der Glaube an Engel noch ungleich größer. Eine Umfrage der Nachrichtenagentur AP kommt im Jahr 2011 zu dem Ergebnis, dass fast 77 Prozent der erwachsenen US-Bürger an die Existenz der himmlischen Wesen glaubt.

Engel sind also populär, besonders die »Schutzengel«. Aber was ist von ihnen zu halten? Jesus selbst sagt, dass die Kinder im Himmel einen Engel haben, der über sie wacht (Matthäus 18,10). Das ist gut zu wissen im Blick auf unsere Kinder und auf uns selbst. Ob man daraus eine Engellehre formen kann, nach der jeder einen persönlichen Beschützer im Himmel hat, ist aber fragwürdig. Das bekannte Wort aus Psalm 91,11 spricht zum Beispiel von mehreren Engeln: »Denn er hat seinen Engeln befohlen, dass sie dich behüten auf allen deinen Wegen.« Sicher ist aber, dass Gott mit uns unterwegs ist und auf mancherlei Weise zu uns spricht, zum Beispiel durch den Heiligen Geist. Aber auch Engel gehören dazu, wenn Gott ihren Einsatz für richtig hält.

Sich nicht mit Engeln zufriedengeben

Engel sind Geschöpfe Gottes, wie die Menschen es auch sind (Kolosser 1,14). Sie sind keine göttlichen Wesen und dürfen nicht angebetet oder verehrt werden (Offenbarung 19,10). Es gibt keine Aufforderung, unsererseits zu ihnen Kontakt aufzunehmen. Die Initiative zu einer Begegnung mit ihnen geht immer von Gott aus und nicht von uns. Denn sie sind Gottes Diener und handeln nicht auf eigene Faust. Sie loben Gott, verkünden seinen Willen und führen seine Aufträge aus. Und noch etwas sollten wir nicht vergessen: Nicht die Engel, sondern die Menschen hat Gott zu seinem Ebenbild erwählt. Am Ende der Zeit werden Menschen sogar über Engel zu Gericht sitzen, sagt Paulus (1. Korinther 6,3). Denken wir also nicht zu hoch von den Engeln. Engelskult und Engelsverehrung gehören nicht zum christlichen Glauben.

Engel sind kein Weg zu Gott. Das ist allein Jesus Christus. Die Engel verhalten sich zu Jesus wie der Mond zur Sonne. Sie reflektieren etwas von seiner Macht und Größe, aber sie verfügen nicht darüber. Wer seine Hoffnung auf Engel statt auf Jesus setzt, ist wie jemand, der sich mondet, obwohl er sich sonnen könnte. Warum sollte ich mich mit Gottes Personal begnügen, wenn ich ihn doch selbst haben kann?

Dienstschluss für die Wächter-Engel

Aber die Engel sind beteiligt, wenn Gott seine Geschichte mit den Menschen vorantreibt. Engel, genauer gesagt Cherubinen, waren das Letzte, was Adam und Eva vom Paradies sahen, nachdem sie von dort vertrieben wurden. Gott selbst hatte sie beauftragt, den Zugang mit dem flammenden, blitzenden Schwert zu bewachen (1. Mose 3,24). Was für ein furchteinflößender Anblick für Adam und Eva! Und was für eine fürchterliche Katastrophe für die Menschheit! Doch nun wird die Geburt des zweiten Adam gefeiert. Gott initiiert den Gegenpol zur Vertreibung aus dem Paradies. Die Cherubinen haben Dienstschluss und können sich auf die große Feier vorbereiten. Das Erste, was Menschen von dem Umbruch zu sehen bekommen, sind wieder Engel. Doch diesmal feiern die Engel. Sie posaunen Gottes neue Initiative mit einem begeisterten Lobpreis hinaus (Lukas 2,13-14). Diesmal bringen die Engel nichts als gute Nachrichten. Fürchtet euch nicht! Ihr braucht keine Angst mehr zu haben. Die Tür zum Himmel steht für die Menschen wieder offen. Das Paradies ist nicht mehr verschlossen. Das Reich Gottes ist angebrochen.

Lobt Gott, ihr Christen alle gleich,
in seinem höchsten Thron,
der heut schließt auf sein Himmelreich
und schenkt uns seinen Sohn.

Heut schließt er wieder auf die Tür
zum schönen Paradeis;
der Cherub steht nicht mehr dafür.
Gott sei Lob Ehr und Preis!

Nikolaus Herman (1560)

17. Hirten, Huren, Zollbetrüger

Als die Engel in den Himmel zurückgekehrt waren, sagten die Hirten zueinander: »Kommt, wir gehen nach Bethlehem und sehen uns an, was da geschehen ist, was Gott uns bekannt gemacht hat!« Sie liefen hin, kamen zum Stall und fanden Maria und Josef und bei ihnen das Kind in der Futterkrippe. Als sie es sahen, berichteten sie, was ihnen der Engel von diesem Kind gesagt hatte. Und alle, die dabei waren, staunten über das, was ihnen die Hirten erzählten. Maria aber bewahrte all das Gehörte in ihrem Herzen und dachte viel darüber nach. Die Hirten kehrten zu ihren Herden zurück und priesen Gott und dankten ihm für das, was sie gehört und gesehen hatten. Es war alles genauso gewesen, wie der Engel es ihnen verkündet hatte.

Lukas 2,15-20

Was sind das eigentlich für Männer, die Hirten von Bethlehem? Wieso wurde gerade ihnen als Ersten die Weihnachtsbotschaft von den Engeln verkündigt? Zufall? – Nein, Programm!

Wertschätzung der Hirten im Alten Testament

Schauen wir in die Bibel, so finden wir im Alten Testament eine überwiegend positive Sicht des Hirtenberufs. Das gilt als Grundlinie, auch wenn es negative Beispiele für Hirten gibt, die ihrem Auftrag nicht gerecht werden (Hesekiel 34,2). Besonders bemerkenswert ist, dass die beiden größten Persönlichkeiten des Volkes Israel im Alten Testament Hirten waren. Sowohl Mose (2. Mose 3,1ff) als auch der spätere König David (1. Samuel 16,11ff) werden von der Herde weg von Gott zu Führern des Volkes Israel berufen. Mehr noch: Gott selbst wird als der Hirte seines Volkes gelobt (z.B. Psalm 23,1 und 80,1). Daran anknüpfend, wird Jesus selbst sich später als »der gute Hirte« (Johannes 10,11) bezeichnen und sein Bemühen um die Menschen am Bild des »verlorenen Schafes« (Lukas 15,1-7) verdeutlichen. Und schließlich soll nicht unerwähnt bleiben, dass auch die Leiter der Gemeinde als Hirten (lat. *pastores*) bezeichnet und als solche geachtet werden (2. Petrus 5,2ff). Die Hirten befinden sich also durchaus in guter Gesellschaft.

Auch der Ort, an dem die Erscheinung der Engel stattfindet, ist interessant. Die Felder in der Gegend von Bethlehem, auf denen die Hirten der Weihnachtsgeschichte Nachtwache halten, waren eben jene Felder, auf denen sich 1000 Jahre vorher David um die Schafe seines Vaters gekümmert hatte. Es wird den Bewohnern der Gegend sehr bewusst gewesen sein, auf welch geschichtsträchtigem Boden sie sich bewegten. So fügt es sich, dass Jesus, der Nachkomme des Hirten Davids in der Stadt Davids (Lukas 2,4 und 11), als Erstes von Hirten besucht wird.

Von den Pharisäern und Schriftgelehrten verachtet

Und doch wurden Hirten zur Zeit Jesu von den Juden eher negativ gesehen. Es gibt eine fast 100 Jahre alte Auslegung zum Neuen Testament, die von den Theologen Hermann Leberecht Strack und Paul Billerbeck stammt. Sie interpretieren die Texte aus der Perspektive der Schriftgelehrten und haben dafür Belege aus der rabbinischen Literatur, Talmud und Midrasch, zusammengestellt. Im Anschluss an sie betonen praktisch alle Bibelausleger, dass es sich bei den Hirten um verachtete Gesellen handelt. Aus Sicht der Pharisäer und Schriftgelehrten stehen sie auf einer Stufe mit den Huren und Zöllnern.

Denn sie sind wirtschaftlich abhängig und ungebildet. Aufgrund ihres Berufes können sie weder den Sabbat noch die Speisevorschriften ordentlich einhalten. Sie kennen das alttestamentliche Gesetz nicht und sind vor Gericht nicht als Zeugen zugelassen. Man fürchtete sie als Räuber und Betrüger, vielleicht auch weil sie nachts aktiv waren, während die braven Bürger schliefen. Ihr Lebensstil und Image scheint den Menschen zu ähneln, die bei uns bis heute manchmal abfällig als »Zigeuner« bezeichnet werden. Das ist weit weg von der Aussage: »Die redlichen Hirten knien betend davor«, in dem romantischsten aller Weihnachtslieder »Stille Nacht, heilige Nacht«.

Genau Jesu Zielgruppe

Aber wie lässt sich der Widerspruch aus Missachtung der Hirten durch den jüdischen Klerus und die Hochachtung durch Gott und seinen Sohn Jesus erklären? Nun, er fügt sich ganz nahtlos ein in die zahlreichen Auseinandersetzungen, die der erwachsene Jesus später ständig mit den Pharisäern und Schriftgelehrten hatte. Wenn man die Hirten zur Zeit von Jesus abschätzig behandelte und negativ über sie dachte, gab es vermutlich durchaus Gründe dafür. Auch die Huren und Zöllner wurden ja nicht einfach verleumdet oder verkannt, sondern ihr Verhalten war ganz klar Sünde.

Das heißt aber: Die Hirten gehören genau zu der Zielgruppe, für die Jesus gekommen ist. »Der Menschensohn ist gekommen, um die Verlorenen zu suchen und zu retten« (Lukas 19,10). Paulus wird später schreiben: »Gott hat sich vielmehr in der Welt die Einfältigen und Machtlosen ausgesucht, um die Klugen und Mächtigen zu demütigen. Er hat sich die Geringen und Verachteten ausgesucht, die nichts gelten, denn er wollte die zu nichts machen, die in der Welt etwas ›sind‹. Niemand soll sich vor Gott rühmen können« (1. Korinther 1,27-29).

Das bedeutet: Bereits die Umstände der Geburt Jesu sind eine Kampfansage an das religiöse System der Pharisäer. Etwas zugespitzt könnte man sagen: Kaum ist der Junge geboren, legt er sich bereits mit seinen späteren Hauptgegnern an, indem er seine Geburt im Kreis von Hirten feiert. So wie Jesus später in das Haus des Zachäus gehen wird, um dort dessen Versöhnung mit Gott zu feiern, so werden gleich nach seiner Geburt die Hirten zu ihm in den Stall gerufen. Die Verkündigung des Weihnachtswunders ausgerechnet an die Hirten ist die Ouvertüre der Sinfonie, die das spätere Leben von Jesus bilden wird. Es ist die Melodie, die das ganze Leben und Wirken von Jesus durchzieht.

Die kleinen Zeichen: Stall, Kind und Windeln

Doch zurück zu den Hirten. Noch sind sie auf den Feldern bei ihren Tieren. Für sie ist es eine ganz normale Nacht. Teil ihres Berufsalltags. Nur im Winter sind die Tiere in Ställen untergebracht. Aber in der wärmeren Jahreszeit verbringen die Hirten Tag und Nacht gemeinsam mit ihren Tieren draußen auf dem Feld. Für die Nacht bauen sie sich einfache Laubhütten, während sie die Tiere in einem einfachen Gehege aus Stöcken und Gestrüpp einsperren. Vermutlich sitzen sie beim Lagerfeuer zusammen und reden über Gott und die Welt, bis sie zu müde werden und einer allein die Nachtwache übernimmt. Auf jeden Fall war es eher eine laue Sommernacht als eine frostige Nacht »mitten im kalten Winter«. Deshalb sind die Ställe leer, sodass Maria und Josef in einem von ihnen Unterschlupf finden können.

Nachdem die Hirten die Informationen der Engel aufgenommen haben, verlassen sie ihre Herde und machen sich auf den Weg nach Bethlehem. Sie haben nur die Zusage: Ihr werdet finden! Mehr nicht – außer ihrer Neugier natürlich. Und dann ist da ja noch das Zeichen, das die Engel erwähnt haben: ein Kind, das in Windeln gewickelt ist und in einer Futterkrippe liegt. Das grenzt die Suche für die ortskundigen Hirten in brauchbarer Weise ein. Wo es Viehställe mit Futterkrippen gibt, weiß keiner so gut wie sie. Auf einmal haben es die Hirten ganz eilig. Während sie in unseren

Krippenspielen immer betulich und träge daherkommen, sprinten die Hirten von Bethlehem richtig los. So etwas hat nicht bis morgen Zeit! Das muss man sich anschauen. Da muss man Klarheit kriegen.

Das große Zeichen: der Auftritt der Engel

Um den Stall zu finden, reichen die Hinweise der Engel also durchaus aus. Nicht aber für die Frage, wer denn dieses Kind im Stall ist. Der Messias, der »Heiland« ist geboren, hatten die Engel gesagt. Und das Zeichen sollte sein, dass sie ein Kind finden, das in Windeln gewickelt ist. Wie bitte? Jedes Kind ist in Windeln gewickelt. Das ist doch absolut nichtssagend. So etwas Banales soll man ernst nehmen, nachdem das Volk seit Jahrhunderten auf die Ankunft des Retters wartet? Generationen jüdischer Theologen hatten darüber nachgedacht und diskutiert, und nun soll diese ganz und gar gewöhnliche Alltagsszene die Lösung und Antwort sein?

Nein, die kleinen Zeichen reichen nicht aus. Aber es gibt ja auch noch das große Zeichen: die Erscheinung der Engel. Ihr Auftritt, ihr Lichtglanz, ihr Lobgesang und ihre Worte – sie sind das Eigentliche. Sie machen deutlich, dass etwas ganz Besonderes, etwas Überirdisches im Gang ist. Der Himmel steht ein Stückchen offen, und die Hirten werden Zeugen davon. Die Erscheinung der Engel und ihre Botschaft bilden den Rahmen, in dem allein das Bild von der Geburt im Stall Sinn ergibt. Ohne die Engel mit ihrem triumphalen Auftritt und mit ihrer Deutung der Ereignisse bleibt die Entbindung im Stall absolut nichtssagend. So aber passt alles zusammen.

Am Ende kehren die Hirten zu ihren Herden zurück. »Sie priesen Gott und dankten ihm für das, was sie gehört und gesehen hatten. Es war alles genauso gewesen, wie der Engel es ihnen verkündet hatte.« Sie konnten das große und das kleine Zeichen zusammenbringen. Das, was sie gesehen und erlebt hatten – und wie ihnen der Engel alles gedeutet hatte. Sie konnten es aber auch nur, weil sie sich auf den Weg gemacht hatten.

Die Nacht ist schon im Schwinden,
macht euch zum Stalle auf!
Ihr sollt das Heil dort finden,
das aller Zeiten Lauf
von Anfang an verkündet,
seit eure Schuld geschah.
Nun hat sich euch verbündet,
den Gott selbst ausersah.

Jochen Klepper (1937)

18. Es geht dem Teufel an den Kragen

Denn er (Christus) hat uns aus der Gewalt der dunklen Mächte gerettet und uns unter die Herrschaft seines geliebten Sohnes gestellt. Durch den Sohn und in dessen Machtbereich ist uns die Erlösung zuteil geworden: Unsere Schuld ist uns vergeben.

Kolosser 1,13-14

Er(Gott) hat uns unsere ganze Schuld vergeben. Den Schuldschein, der uns wegen der nicht befolgten Gesetzesvorschriften belastete, hat er für ungültig erklärt. Er hat ihn ans Kreuz genagelt und damit für immer beseitigt. Die Mächte und Gewalten, die diesen Schuldschein gegen uns geltend machen wollten, hat er entwaffnet und vor aller Welt zur Schau gestellt, er hat sie in seinem Triumphzug mitgeführt – und das alles in und durch Christus.

Kolosser 2,13-15

Ich erinnere mich noch gut, wie sorgfältig wir bei der Geburt unserer Kinder die Geburtsanzeige vorbereitet haben. »Wir freuen uns über unseren Sohn …«, hieß es dort. Oder auch: »Gott hat uns ein zweites Kind geschenkt …« Und dann standen da unsere Namen, die Namen der stolzen Eltern und die der Geschwisterkinder. Viel spärlicher sind die

Informationen bei der Geburt Jesu in Bethlehem. Sie lauten nicht: »Maria und Josef haben einen Sohn bekommen«, sondern: »Euch Hirten, die ihr weder den Vater noch die Mutter kennt, geschweige denn von der Schwangerschaft wusstet, euch ist ein Kind geboren worden!«

Maria und Josef stehen staunend am Rand

Der Grund für diese merkwürdige Geburtsinformation ist, dass es bei diesem Kind nicht um das private Glück der Eltern geht. Sie hatten dieses Kind ja gar nicht gewollt, auch wenn sie im Nachhinein aus vollem Herzen Ja zu Gottes Plänen sagten. Wir kennen Vergleichbares auch aus unserer Welt, etwa wenn in einem Königshaus der langersehnte Thronfolger zur Welt kommt. Das ganze Land jubelt: Wir haben einen Thronfolger! Uns ist ein Kind geboren worden. Die Eltern sind dabei fast unwichtig. Nur die Klatschpresse interessiert sich für sie.

Maria und Josef stehen bei der ganzen Weihnachtsgeschichte ziemlich unauffällig am Rand. Der Chor der Engel bringt kein Ständchen vor ihrem Stall, um ihnen zu gratulieren, und den himmlischen Lichtglanz, der die Geburt ihres Sohnes begleitet, kennen sie nur vom Hörensagen, aus der Erzählung der Hirten. Es geht um mehr. Aber um was?

Das wissen wir inzwischen doch, oder? Wir sind in den vorhergehenden Kapiteln ja immer wieder darauf gestoßen, dass die Geburt von Jesus den Zugang zum Paradies wiederherstellen soll. Aber das ist noch nicht alles. Es geht eben auch um Vorgänge in der jenseitigen Welt, die die Engel und Gott selbst betreffen. Und es geht um die Rolle des Satans und seiner Helfer.

Jesus war Exorzist

Mir ist bewusst, dass wir damit verimntes Terrain betreten. Ob es den Satan oder den Teufel als personales Wesen gibt, ist durchaus umstritten. Deshalb kann es gut sein, dass Sie an dieser Stelle innerlich aussteigen wollen. Ich lade Sie aber ein, trotzdem dranzubleiben und sich die biblischen Aussagen zum Teufel zumindest einmal anzuschauen. Denn die haben sehr wohl mit Weihnachten zu tun.

Schaut man in die Bibel, so wird sehr schnell klar, dass sowohl das Alte wie das Neue Testament ständig und durchgängig von der personhaften Existenz Gottes und seines Umfeldes, der Engel, ausgehen. Genauso selbstverständlich wird aber auch vom Teufel und von Dämonen als wirklichen Wesen gesprochen. Für Jesus und die gesamte Bibel ist der Teufel nicht ein psychologisches Phänomen oder ein philosophisches Prinzip, sondern eine Person. Der Teufel ist nicht das Böse, sondern der Böse. Auch wenn es manchem peinlich ist: Jesus und seine Jünger waren Exorzisten (vgl. z.B. Lukas 8,26ff). Die Austreibung von Dämonen gehörte so selbstverständlich zu ihrer Arbeit wie das Heilen und Predigen. Wer das ausklammert, verkennt, wie stark die gesamte Sendung Jesu mit dem Kampf gegen das Reich des Teufels verknüpft ist.

Bereits im Paradies bediente der Teufel sich der Schlange, um Adam und Eva zu verführen und somit das Paradies zu zerstören. Die Gemeinschaft zwischen Gott und Menschen war und ist damit nachhaltig beschädigt. Genau hier setzt Jesus an. Er heilt den Schaden nicht nur auf menschlicher Ebene, indem er für unsere Schuld stirbt. Er setzt vielmehr an der Wurzel an, um den Teufel zu bekämpfen und letztlich zu vernichten. Beides hängt nämlich zusammen: die Vergebung unserer Schuld und die Entmachtung des Teufels. Das machen nicht nur die oben abgedruckten Textauszüge aus dem Kolosserbrief deutlich.

Ein Kampf in mehreren Etappen

Der Kampf gegen den Teufel vollzieht sich in mehreren Etappen. Es ist kein Zufall, dass das Wirken von Jesus erst beginnt, nachdem er der Versuchung durch den Teufel widerstanden hat (Matthäus 4,1ff). Jesus selbst wertet die Austreibung von Dämonen als Beweis dafür, dass das Reich Gottes angebrochen ist (Lukas 11,20). Die 72 von ihm ausgesandten Jünger erleben voller Begeisterung, dass ihnen »die bösen Geister im Namen Jesu untertan sind« (Lukas 10,17). Den entscheidenden Sieg aber erringt Jesus am Kreuz von Golgatha, weil er dort dem Ankläger der Menschen alle Argumente aus der Hand schlägt. Es gibt nichts mehr vorzubringen gegen diejenigen, die durch Christus frei geworden sind.

Dennoch versucht der Teufel nach wie vor, die Menschheit unter seinem Einfluss zu halten. Was unsere Welt nicht wahrhaben will, und was auch Christen manchmal unterschätzen, ist der Einfluss, den der Teufel hat, solange jemand sich nicht in den Schutz Gottes begibt. Jesus nennt ihn einmal den »Fürsten dieser Welt« (Johannes 12,31), und Paulus sagt, dass sein negativer Einfluss auf bestimmte Menschen so groß ist, dass er für sie der »Gott dieser Welt« ist (2. Korinther 4,4). Aber auch für Christen stellt er nach wie vor eine Bedrohung dar. Deshalb schreibt Petrus: »Seid wachsam und nüchtern! Euer Feind, der Teufel, schleicht um die Herde wie ein hungriger Löwe. Er wartet nur darauf, dass er jemand von euch verschlingen kann« (1. Petrus 5,8). Ähnlich sagt es Paulus: »Legt die Waffen an, die Gott euch gibt, dann können euch die Schliche des Teufels nichts anhaben. Denn wir kämpfen nicht gegen Menschen. Wir kämpfen gegen unsichtbare Mächte und Gewalten, gegen die bösen Geister, die diese finstere Welt beherrschen« (Epheser 6,11-12).

Dennoch, bei allem Spielraum, den der Teufel in unserer Welt durchaus noch hat, steht seine endgültige Vernichtung durch Gott doch bereits definitiv fest (Matthäus 25,41). Spätestens in der neuen Welt, die Gott am Ende der Zeit schaffen wird, ist für den Teufel keinerlei Platz mehr (Offenbarung 20,10).

Anführer einer Gruppe abtrünniger Engelwesen

Im Alten Testament heißt der Teufel Satan, das bedeutet Feind, Ankläger, Widersacher. Im Neuen Testament wird sein griechischer Name *diabolos* (Durcheinanderbringer, Verleumder) verwendet. Der Teufel ist kein Gegengott, der halbwegs gleichberechtigt wäre und gleich mächtig gegen

Gott ankämpfen würde. Die Bibel kennt nur einen Gott. Alle anderen Wesen sind ihm untergeordnet und untertan. Der Teufel ist der Anführer einer Gruppe abtrünniger Engelwesen, die durch den Aufstand gegen Gott zu Dämonen geworden sind (2. Petrus 2,4). Viel mehr als diese geheimnisvollen und dunklen Andeutungen von Petrus haben wir nicht. Sie wecken unsere Neugier, aber wir sollten über sie nicht weiter spekulieren.

Wir merken: Weihnachten geht es um viel mehr als um eine Familienidylle. Alles ist ziemlich unauffällig und normal. Und doch ist es in Wahrheit wie in einem James-Bond-Thriller. Maria und Josef sind – sicher ohne, dass sie das wissen – so etwas wie Geheimagenten, mit denen Gott etwas Unglaubliches unternehmen will. Gott legt durch seine Helfer Maria und Josef einen Sprengsatz, der alles erschüttern wird. Der große Gegner, der Teufel, der die Menschheit fest im Griff hat, soll Schritt für Schritt entmachtet werden. Und Weihnachten fängt alles an. Das lässt vielleicht erahnen, warum die Engel so begeistert jubeln. Sie wissen, dass Gott zum Schlag gegen die Macht des Teufels ausholt. Sie wissen: Jesus ist »gekommen, um die Werke des Teufels zu zerstören« (1. Johannes 3,8).

Nun jauchzet, all ihr Frommen, zu dieser Gnadenzeit,
weil unser Heil ist kommen, der Herr der Herrlichkeit,
zwar ohne stolze Pracht, doch mächtig, zu verheeren
und gänzlich zu zerstören des Teufels Reich und Macht.

Michael Schirmer (1640)

19. Gehaltserhöhung zu Weihnachten

Jesus sagt: »Ich bin gekommen, um ihnen das Leben zu geben, Leben im Überfluss.«

Johannes 10,10

Endlich Weihnachten. Endlich ein paar Tage ausspannen und wieder zu sich kommen nach dem Stress der vergangenen Wochen. Die vertrauten Lieder singen und die alten Geschichten hören: »Fürchtet euch nicht! Siehe, ich verkündige euch große Freude, denn euch ist heute der Heiland geboren.« Nichts hören von den Problemen in der Welt. Einfach nur feiern und sich freuen, dass Weihnachten ist. Weihnachten lassen wir es uns so richtig gut gehen. Das haben wir uns verdient!

Irgendwie geht es schon weiter

Sicher, es gibt da noch ein paar offene Wünsche. Etwas mehr Geld wäre nicht schlecht, aber mit der Gehaltserhöhung Anfang nächsten Jahres wird es schon reichen. Gewiss, manchmal sind wir verunsichert durch bedrohliche Nachrichten über eine sich zuspitzende Klimakatastrophe oder über neue Seuchen wie Ebola, die das Potenzial haben, die Menschheit auszurotten. Aber zum Glück blieb die Seuche im Wesentlichen auf Afrika beschränkt, und auch die unglaublichen Schäden durch Hurrikans in Asien konnten wir ja vom gemütlichen Wohnzimmer aus im Fernsehen bestaunen. Dass die Weltwirtschaft jederzeit in verheerende Turbulenzen geraten kann oder es neue Bedrohungen wie die Terrorbewegung »Islamischer Staat« gibt, kann uns ebenfalls nicht gefallen. Aber schlaflose Nächte haben wir deshalb noch lange nicht. Uns geht es ja doch gut. Das Essen schmeckt, die Kasse stimmt und das Fernsehprogramm ist abwechslungsreich. Warum also sich fürchten? Bisher ist es immer noch irgendwie weitergegangen.

Hinter die Fassade schauen

Uns geht es gut, uns fehlt nichts? Dann haben wir noch nicht hinter die Fassaden unseres Lebens geblickt. Vielleicht wollen wir es auch gar nicht, weil es einfach zu unerträglich wäre. Manche Armut kommt strahlend und gekonnt geschminkt daher. Aber manchmal, wenn wir an unsere Grenzen stoßen, lässt es sich einfach nicht mehr unterdrücken. Unser Weltbild gerät aus den Fugen, weil wir nicht wissen, wie es mit uns weitergehen soll. Die Zukunft entgleitet uns, weil eine schwere Krankheit oder ein anderer Schicksalsschlag alle Pläne zur Makulatur machen. Scheinbar tragfähige Beziehungen zerbrechen, weil Menschen an uns schuldig werden oder wir selbst versagen. Dann stellt sich die Frage: Was träg und was trügt? Was bleibt und was verbleicht? Welche Substanz haben die Säulen meines Lebens? Wie reich bin ich wirklich – wenn Euro und Image nicht mehr tragen? Wer bin ich wirklich? Was steckt in mir drin?

Die Bibel gibt sich in ihrer Analyse unseres Lebens damit aber nicht zufrieden. Sie bleibt nicht bei dem stehen, was uns gelingt und wo wir scheitern. Sie legt die tiefsten Zusammenhänge und Geheimnisse unserer Existenz offen. Sie zeigt, dass wir Teil eines defekten Systems sind, und erklärt, an welcher Stelle dieses System Schaden genommen hat. »Sündenfall« lautet die Abkürzung des Supergaus, der größten Katastrophe aller Zeiten. Seitdem funktioniert das soziale Miteinander nicht mehr. Seitdem wird die Erde von Kriegen und Katastrophen erschüttert. Seitdem tun wir Dinge, die wir eigentlich nicht wollen und für die wir uns schämen. Seitdem sind wir Krankheit, Leid und Angriffen von anderen Menschen ausgesetzt. Der Begriff Sünde meint ja nicht nur unser persönliches moralisches Fehlverhalten, sondern beschreibt unsere Verwobenheit in das defekte und korrupte System. Jeder kann an zahllosen Stellen entdecken, wie er zugleich als Opfer und als Täter ein Teil dieses Systems ist.

Reichtum für alle!

Was viele nicht wissen ist: Mit »Leben« war ursprünglich keineswegs gemeint, dass wir uns allein mit den Gegebenheiten dieser Welt herumschlagen und irgendwie klarkommen müssen. Vielmehr bedeutete es, dass wir in Gottes Nähe, nach seiner Konzeption und mit seiner Hilfe existieren sollten. Dem Menschen sollte es an nichts fehlen. Reich sollte er sein. Bei allen Früchten des Gartens Eden konnte er sich unbegrenzt bedienen. Bis auf die eine Ausnahme natürlich. Gott hatte alles getan, damit die Menschen glücklich sind. Adam und Eva konnten in ungebrochener Liebe miteinander umgehen. Und da sie sich unter Gottes Schutz wussten, konnten sie voll Vertrauen Tag um Tag leben. Das war der Plan: Reichtum, Liebe, Glück, Vertrauen für alle.

Wir wissen, das ist ein für alle Mal verloren gegangen, seit wir aus dem Paradies vertrieben wurden. Aber Gott findet sich damit nicht ab. Deshalb lässt er es Weihnachten werden und schickt seinen Sohn, Jesus Christus, in unsere Welt hinein. Jesus will, dass wir reich sind und nicht nur so gerade über die Runden kommen. Er sagt: »Ich bin gekommen, um ihnen das Leben zu geben, Leben im Überfluss« (Johannes 10,10). Mit diesem Ziel hat er den Himmel verlassen und sich auf den Weg in unsere Welt gemacht, schreibt Paulus (2. Korinther 8,9): »Ihr wisst ja, was Jesus Christus, unser Herr, in seiner Liebe für euch getan hat. Er war reich und wurde für euch arm; denn er wollte euch durch seine Armut reich machen.«

Wir brauchen mehr Gehalt!

Worin besteht nun der Reichtum, zu dem Christus uns verhelfen will? Unser Leben soll mehr Gehalt haben! Mehr Gehalt an Liebe zum Beispiel. Wir alle gieren nach Liebe und bekommen doch nie genug. Und wir alle würden gerne Liebe verschenken und sind doch völlig mit uns selbst beschäftigt. Bis Christus kommt und seine Liebe in uns hineinpumpt, und das, obwohl er doch wissen müsste, wer wir wirklich sind und was alles in uns lauert. Wer jeden Tag neu ernst nimmt, dass er Gottes geliebter Sohn oder seine geliebte Tochter ist, dessen Fähigkeit zu lieben wächst. Ja, sein ganzes Wesen, sein Charakter wird verändert. Der Liebesgehalt wird erhöht.

Nicht anders verhält es sich mit anderen Säulen, die unser Leben tragen. Zum Beispiel das Glück. Ich lerne, die Welt mit anderen Augen zu sehen und mich über andere Dinge zu freuen als nur über meinen Besitz und meine Erfolge. Ich erlebe es als Glück, dass Gott mich gebraucht und mein Leben Spuren hinterlässt. Wer sich über so etwas freuen kann, bei dem steigt der Gehalt an Glück spürbar an. Oder nehmen wir den Umgang mit unseren Sorgen. Wer Tag für Tag einübt, sich auf Gott zu verlassen, dessen Gelassenheit stabilisiert sich immer mehr. Der Gehalt an Vertrauen nimmt kontinuierlich zu.

Wachsendes Kapital

So in etwa sieht es aus: ein reiches, erfülltes Leben, ein Leben mit Gehalt und Substanz. Ein Leben, wie Gott es uns schenken möchte und für das Jesus zu uns in die Welt kommt. Im Lauf der Zeit sammelt sich ein Kapital an guten Erfahrungen an, von dessen Zinsen ich auch in schweren Zeiten leben kann. Ja, es trägt mich sogar, wenn mein Abschied aus dieser Welt sich andeutet. Ein reiches Leben geht zu Ende und ich kann voller Hoffnung sein, weil mich nichts, auch nicht der Tod, von der Liebe Gottes trennen wird. Dieses Wissen ist das Wertvollste und Wichtigste, was ein Mensch besitzen kann. Es ist wahrer Reichtum!

Ist es nicht unfassbar? Haben Sie so etwas irgendwo anders schon einmal gehört? Da verlässt der Sohn Gottes den wunderbaren Himmel, nach dem wir uns so sehnen, und taucht ganz tief ein in unseren Schlamassel. Da wird jemand bewusst arm, damit wir reich werden.

Die ihr arm seid und elende,
kommt herbei, füllet frei eures Glaubens Hände.
Hier sind alle guten Gaben und das Gold,
da ihr sollt euer Herz mit laben.

Paul Gerhardt (1653)

20. Wie bereits gesagt …

Doch dir, Bethlehem im Gebiet der Sippe Efrat, lässt der Herr sagen: »So klein du bist unter den Städten in Juda, aus dir wird der künftige Herrscher über mein Volk Israel kommen. Sein Ursprung liegt in ferner Vergangenheit, in den Tagen der Urzeit.«

Micha 5,1

Wer die Weihnachtstexte des Neuen Testaments liest, stößt immer wieder auf Zusammenhänge mit dem Alten Testament. Manchmal werden sie ausdrücklich im Text genannt und spielen eine eigene Rolle für den Fortlauf der Ereignisse. Das gilt etwa für die Suche der Weisen nach dem Geburtsort von Jesus. König Herodes befragt die jüdischen Schriftgelehrten, ob es Hinweise im Alten Testament gibt, wo der Messias geboren wird (Matthäus 2,4-6). Und sie verweisen ohne Wenn und Aber auf Bethlehem. Schließlich steht das schon beim Propheten Micha.

Alles seit Langem angekündigt

Durch diesen Vers wird aber nicht nur der Ort Bethlehem gefunden. Für mich noch wichtiger ist der Nachsatz, dass es sich bei der Königsherrschaft dieses Kindes nicht etwa um eine normale Thronfolge handelt. Die Rede ist also nicht von einem Nachkommen des Herodes oder eines eventuellen Konkurrenten. Vielmehr liegt der Ursprung dieses Kindes »in den Tagen der Urzeit«, also lange bevor an irgendeine Dynastie überhaupt zu denken war. Was das bedeutet, haben wir im Kapitel 14 gesehen, als es um die geheimnisvollen Sätze ging, mit denen das Johannesevangelium beginnt: Das Wort der Schöpfung wurde ein Mensch.

Bekannt ist auch die Ankündigung, dass der zukünftige Retter von einer Jungfrau (oder jungen Frau) geboren wird. Dieser Geburt wird etwas Markantes und Besonderes anhaften, sodass man in ihr ein Zeichen von Gottes Handeln erkennen kann: »Deshalb wird der Herr euch von sich aus ein Zeichen geben: Die junge Frau wird schwanger werden und einen Sohn zur Welt bringen, den wird sie Immanuël (Gott steht uns bei) nennen« (Jesaja 7,14). Das klingt rätselhaft. Wieso kann eine Geburt ein Zeichen sein? Worin das besondere Zeichen besteht, wird erst in der Weihnachtsgeschichte deutlich, als Maria ohne Geschlechtsverkehr mit einem Mann Jesus zur Welt bringt.

Aber nicht nur in der Weihnachtsgeschichte gibt es solche direkten Verknüpfungen. Auch im Zusammenhang mit dem Leiden und Sterben von Jesus betonen die Verfasser der Evangelien immer wieder, dass etwas geschah, »damit die Schrift erfüllt werde« (z.B. Matthäus 26,56). So sind auch das Leiden von Jesus und die Ursache dafür bereits im Alten Testament vorhergesagt, insbesondere beim Propheten Jesaja: »Wegen unserer Schuld wurde er gequält und wegen unseres Ungehorsams geschlagen. Die Strafe für unsere Schuld traf ihn und wir sind gerettet. Er wurde verwundet und wir sind heil geworden« (Jesaja 53,5). Insgesamt gibt es rund 300 Stellen im Alten Testament, die sich als Prophezeiungen auf Jesus verstehen lassen.

Gott kommt zum Ziel

Warum hat Gott bereits 700 Jahre vor Weihnachten seine Propheten solche Worte aussprechen und aufzeichnen lassen? Und warum wird darauf im Neuen Testament so betont zurückgegriffen? Ich sehe zwei Gründe dafür.

Zunächst geht es darum, deutlich zu machen, dass die Geschichte von Jesus nicht erst mit Weihnachten beginnt. Ich zeige in diesem Buch ja immer wieder auf, welche Zusammenhänge es gibt – von der Schöpfung der Welt bis zu ihrem Ende. Jesu Kommen ist Teil eines gigantischen Planes, und dieser Plan Gottes zieht sich durch die gesamte Geschichte in Vergangenheit, Gegenwart und Zukunft. Deshalb wird im Alten Testament immer wieder darauf verwiesen, dass Gott bereits in den Umbrüchen der vorchristlichen Jahrhunderte am Werk war. Auch als die Einheit des Volkes Gottes zerbrach und zwei verfeindete Königreiche entstanden – Israel im Norden und Juda im Süden –, war Gott präsent und schrieb seine Geschichte fort. Als die beiden Teilreiche zerstört wurden und die Menschen des Nordreiches in die assyrische Gefangenschaft und einige Zeit später die Judäer in die Babylonische Gefangenschaft deportiert wurden, waren sie keineswegs von Gott verlassen. Gott baute längst an der Zukunft und versprach eine Zeit, in der er den Retter, den Messias schicken würde.

Freilich hatten die Israeliten und Judäer ihre eigenen Vorstellungen davon, wie das aussehen würde. Sie träumten von einer Wiederherstellung der glanzvollen Zeiten unter David und Salomo. Doch Gott hatte andere Pläne. Viel bessere und weitergehende Pläne. Er wollte nicht nur Israel eine neue Zukunft ermöglichen, sondern die ganze Welt einbeziehen (Jesaja 49,6).

Gott ist trotzdem da

Gott ließ den Menschen mitten im politischen Chaos und in der sozialen Katastrophe sagen: Ich bin trotzdem da. Ich habe alles im Griff; es läuft alles nach Plan. Auch wenn ihr gerade eine Phase des Gerichtes durchleben müsst, geht es weiter. Der Messias kommt, der die Beziehung zwischen Gott und seinem Volk heilen wird, und das wiederum wird Auswirkungen haben auf alle Lebensumstände.

Aber es geht dabei nicht nur um Informationen für den Kopf, sondern – und das ist die zweite Bedeutung der alttestamentlichen Prophezeiungen – vor allem um Trost und Ermutigung. Ohne Hoffnung, könnte man vieles im persönlichen Leben wie in der Entwicklung der Welt nicht ertragen. Deshalb sollen wir wissen, dass Gott nach wie vor am Werk ist. Gott ließ das den Menschen der Zeit vor Jesus sagen. Und er lässt es uns heute sagen: Begreift doch, was hinter den Kulissen der Welt wirklich geschieht. Gottes Zukunft findet statt. Gott ist konsequent unterwegs, sein Reich zu bauen. Und ihr sollt dabei sein, wenn es einmal vollendet wird in Gestalt eines neuen Himmels und einer neuen Erde.

Diese Aspekte werden uns in den folgenden Kapiteln noch ausführlicher beschäftigen.

Die Vorfahren von Jesus

Besonders interessant finde ich in diesem Zusammenhang auch die Stammbäume von Jesus, wie sie uns in Lukas 3,23-38 und Matthäus 1,1-17 begegnen. Vielleicht geht es Ihnen ja auch so, dass Sie den Eindruck haben, solche »Genealogien« seien das Langweiligste, was in der Bibel zu finden ist. Für den Stammbaum Jesu gilt das aber nicht! Die beiden Fassungen bei Lukas und Matthäus sind durchaus unterschiedlich, denn es handelt sich nicht um Abschriften von Dokumenten eines Standesamtes. Und angesichts der vielen Verzweigungen im Lauf der Jahrhunderte kann man bei einem Stammbaum natürlich verschiedene Linien besonders hervorheben.

Lukas führt Jesu Ahnenreihe von Josef bis auf Adam zurück. Matthäus beginnt mit Abraham und endet bei Josef. Als Zusammenfassung gliedert er den Stammbaum am Ende in drei Phasen: »Zusammengerechnet sind es vierzehn Generationen von Abraham bis David, vierzehn weitere von David bis zur Wegführung nach Babylonien und noch einmal vierzehn von dieser Zeit bis zu Christus« (Matthäus 1,17). Er will betonen, welch planmäßiges Handeln Gottes er in Bezug auf Jesus beobachtet und wie lange und konsequent Gott bereits auf Weihnachten hingearbeitet hat.

Bereits Abraham war seinerzeit angekündigt worden, dass in ihm alle Geschlechter auf Erden gesegnet werden sollen (1. Mose 12,3). Das war nicht nur für Abraham unvorstellbar. Und doch ist es viele Jahrhunderte später in seinem Nachkommen Jesus wahr geworden. Gott hatte Israel einen neuen König auf dem Thron Davids versprochen, den »Davidssohn« (z.B. Jesaja 9,6). Israel hatte Jahrhunderte sehnsüchtig darauf gewartet, und viele hatten nicht mehr glauben können, dass es je geschehen wird. Aber Gott hat es tatsächlich wahr gemacht – in der Sendung seines Sohnes Jesus.

Muss das sein, Matthäus?

Im Stammbaum nach Matthäus gibt es darüber hinaus ein Detail, das man leicht überliest. Er enthält vier Frauen. Das ist ungewöhnlich genug, denn die Generationenfolge läuft eigentlich über die Männer. Deshalb nennt Matthäus ja auch Josef und nicht etwa Maria als letztes Glied in der Kette der Vorfahren, obwohl der ja gar nicht der biologische Vater von Jesus ist. Noch überraschender ist allerdings, dass es sich bei den Frauen durchweg um Menschen handelt, denen ein Makel anhaftet: Tamar, Rahab, Rut und Bathseba (Matthäus 1,3.5.6). Schauen wir uns ihre Geschichten kurz an.

Tamar (1. Mose 38,1-26) war mit einem Urenkel Abrahams verheiratet und blieb nach dessen Tod kinderlos zurück. Die Familie droht damit zu erlöschen. Auch die Brüder ihres Mannes, die nach damaliger Sitte eigentlich zur »Schwagerehe« verpflichtet sind, um die Familienlinie fortzuführen und die Witwe zu versorgen, führen letztlich zu keiner Lösung. Da ergreift Tamar eine List. Sie verkleidet sich als Prostituierte, verführt ihren Schwiegervater und wird von ihm schwanger. Der Skandal ist groß, aber die Familienlinie ist gerettet.

Rahab (Josua 2,1-24) ist tatsächlich eine Prostituierte. Und nicht nur das. Sie ist auch eine Verräterin an ihrem eigenen Volk, den Kanaanäern. Bei der Einnahme der Stadt Jericho werden zwei israelitische Kundschafter ausgeschickt, um die Eroberung vorzubereiten. Rahab versteckt die Männer, schickt die Verfolger auf eine falsche Fährte und lässt die Kundschafter an einem Seil aus ihrem Fenster entkommen. Sie müssen aber schwören, Rahab und ihre Familie bei der Eroberung der Stadt zu verschonen. Sie ist eine schillernde Figur, die Gottes Pläne bewusst unterstützt und dabei gleichzeitig sehr eigennützige Interessen verfolgt.

Rut war Moabiterin – und damit zunächst einmal eine gefährliche Ausländerin, denn die Moabiter waren Erzfeinde Israels. So jemand passt doch nicht in den Stammbaum von Jesus, oder? Aber Rut entpuppt sich als loyal dem Volk Israel und ihrer Schwiegermutter Noemi gegenüber. Die stammt aus Bethlehem und kehrt nach vielen Schicksalsschlägen wie dem Tod ihres Mannes und ihrer Söhne dorthin zurück. Durch einen schlauen Plan gelingt es Noemi und Rut, ihrem Schicksal als kinderlose, unversorgte Frauen eine positive Wende zu geben. Die ganze Geschichte ist in dem nach ihr benannten Buch Rut im Alten Testament nachzulesen.

Bathseba (2. Samuel 11) ist eigentlich die Frau des Uria. David beobachtet vom Dach seines Hauses, wie sie sich wäscht, und lässt sie an seinen Hof holen. Wird sie von David vergewaltigt, oder geschieht der Ehebruch mehr oder weniger einvernehmlich? Wie auch immer, als sie David von ihrer Schwangerschaft berichtet, lässt der ihren Ehemann umbringen. Bathseba wird Davids Frau und gewinnt großen Einfluss im Harem Davids und im Königshaus. Nicht ohne Intrigen sorgt sie dafür, dass ihr Sohn Salomo Thronfolger wird.

Warum tut Matthäus uns das an? Warum mutet er seinen Lesern diese Flecken in der Biografie von Jesus zu? Ich bin sicher, weil diese Art von Vorfahren zu Jesus gehört. Wir haben es bei den »Weisen aus dem Morgenland« gesehen und ebenso bei den Hirten: Jesus kommt in die zerbrochenen Verhältnisse unserer Welt hinein. Er sucht gezielt den Kontakt zu den Verlorenen und Verirrten und nicht zu den Frommen und vermeintlich Vollkommenen – damals wie heute. Deshalb will Matthäus diese Zusammenhänge nicht verschweigen, sondern betont sie. Ganz bewusst zeigt er die doppelte Linie auf: Jesus ist der Nachkomme Abrahams und Davids – und zugleich der Nachkomme von Tamar, Rahab, Rut und Bathseba.

Gott sei Dank durch alle Welt,
der sein Wort beständig hält
und der Sünder Trost und Rat
zu uns hergesendet hat.

Heinrich Held (1658)

21. Gottes Zukunft findet statt

Jesus verließ den Tempel und wollte weggehen. Da kamen seine Jünger zu ihm und wiesen ihn auf die Prachtbauten der Tempelanlage hin. Aber Jesus sagte: »Ihr bewundert das alles? Ich sage euch, hier wird kein Stein auf dem andern bleiben. Alles wird bis auf den Grund zerstört werden.« Dann ging Jesus auf den Ölberg und setzte sich dort nieder. Nur seine Jünger waren bei ihm. Sie traten zu ihm und fragten ihn: »Sag uns, wann wird das geschehen, und woran können wir erkennen, dass du wiederkommst und das Ende der Welt da ist?« Jesus sagte zu ihnen: »Seid auf der Hut und lasst euch von niemand täuschen! Viele werden unter meinem Namen auftreten und von sich behaupten: ›Ich bin der wiedergekommene Christus!‹ Damit werden sie viele irreführen. Erschreckt nicht, wenn nah und fern Kriege ausbrechen! Es muss so kommen, aber das ist noch nicht das Ende. Ein Volk wird gegen das andere kämpfen, ein Staat den andern angreifen. In vielen Ländern wird es Hungersnöte und Erdbeben geben. Das alles ist erst der Anfang vom Ende – der Beginn der Geburtswehen.«

Matthäus 24,1-8

Immer wieder haben wir in den vorhergehenden Kapiteln gesehen, dass die Geburt von Jesus kein isoliertes Einzelereignis ist. Vielmehr sind die scheinbar so idyllischen Weihnachtsereignisse der Auftakt zu einer grundlegenden Systemveränderung. Am Ende dieser Entwicklung werden ein neuer Himmel und eine neue Erde stehen.

Es wird ein zweites Weihnachten geben

Auch dabei kommt Jesus eine wesentliche Rolle zu. Eine große Zahl neutestamentlicher Texte, sowohl in den Evangelien als auch in den Briefen, spricht ganz klar darüber, dass es so etwas wie ein zweites Weihnachten oder einen zweiten Advent geben wird. Jesus kehrt noch einmal auf diese Erde zurück! Die Jünger von Jesus und später auch die ersten Gemeinden hat diese Frage intensiv beschäftigt. Viele Fragen zu diesem Thema müssen offenbleiben, so gerne wir eine Antwort darauf hätten. Klar ist aber, dass das zweite Kommen von Jesus ganz anders aussehen wird als das erste in Bethlehem.

Statt unbemerkt in einem bedeutungslosen Dorf wird die Wiederkehr Jesu für alle Welt unübersehbar sein. »Der Menschensohn wird für alle sichtbar kommen, wie ein Blitz, der von Ost nach West über den Himmel zuckt. Er wird so sicher zu sehen sein wie die Geier, die hoch über einem verendenden Tier kreisen« (Matthäus 24,27-28). Aber es geht nicht nur um die äußeren Rahmenbedingungen, sondern vor allem um die inhaltliche Bedeutung dieses Kommens. Beim zweiten Mal kommt Jesus tatsächlich mit Macht und Herrlichkeit und nicht als hilfloses Baby. Wenn Jesus zurückkehrt kommt er als Richter dieser Welt.

Selbst das ist noch nicht alles, denn zugleich ist seine Ankunft der Auftakt für das Ende, für den Zusammenbruch und den Abriss der alten Welt. An dieser Stelle interessieren uns die großen Linien und der Zusammenhang mit Weihnachten. Dazu betrachten wir uns zunächst den oben abgedruckten Anfang der sogenannten Endzeitrede von Jesus.

Die Wiederkunft Jesu und das Ende der Welt

Der Auslöser für Jesu Ausführungen ist eine Frage der Jünger. Sie sind mit Jesus in Jerusalem, und bestaunen den Tempel wie Touristen beim Sightseeing. Jesus hingegen verdirbt die Freizeitstimmung und spricht sehr ernste Worte: Der Tempel wird völlig zerstört werden. Dabei darf man nicht vergessen, dass der Tempel für die Juden der Ort der Gegenwart Gottes ist. Israel ohne den Tempel – unvorstellbar. Das ist weit mehr als der bloße Verlust eines Gebäudes.

Nachdem die Jünger den ersten Schock überwunden haben und etwas über Jesu Worte nachdenken konnten, fassen sie Mut und sprechen das Thema direkt an. »Wann wird das geschehen?«, fragen sie. Für uns überraschend ist, dass sie in ihrer Frage die Zerstörung des Tempels mit zwei weiteren Ereignissen verknüpfen. Für die Jünger scheinen sie aber selbstverständlich zusammenzugehören. Sie fragen nach dem zweiten Kommen von Jesus und nach dem Ende der Welt. Sie wollen wissen, wann das geschehen wird und woran man erkennen kann, dass die Zeit dafür gekommen ist. Im weiteren Verlauf geht Jesus tatsächlich auf die Doppelfrage der Jünger ein, ohne die beiden Aspekte zu differenzieren. Offenbar gehören auch für ihn das Ende der Welt und sein Wiederkommen zusammen. Mag sein, dass er mit seinen Jüngern schon früher darüber gesprochen hat und sie deshalb diesen Zusammenhang kennen. Es sagt: »Die Sterne werden vom Himmel fallen, und die Ordnung des Himmels wird zusammenbrechen. Dann wird der Menschensohn für alle sichtbar am Himmel erscheinen. Dies ist das Zeichen, dass das Ende da ist« (Matthäus 24,29-30).

Kann man das Ende rechtzeitig erkennen?

Aber nicht nur Neugierde bewegt die Jünger, sondern wohl auch die Frage, wie man sich auf derartige Umwälzungen vorbereiten und dagegen schützen kann. Jedenfalls redet Jesus mit ihnen zunächst über diesen Aspekt. Sein Anliegen ist es, dass seine Jünger sich durch die verstörenden Ereignisse nicht in die Irre führen lassen. In instabilen und chaotischen Zeiten gibt es immer wieder selbsternannte Führer, die einfache Lösungen anbieten, das Heil versprechen und sich selbst als Retter anbieten. Vor ihnen warnt Jesus seine Leute intensiv. Um im Chaos der letzten Zeit nicht unterzugehen, braucht man Distanz zu den Ereignissen. Und man braucht Hintergrundwissen, das über Informationen der Fernsehmoderatoren hinausgeht. Deshalb gibt Jesus den Jüngern einige Hinweise. Es gibt nämlich, so sagt er, in der Tat vor dem Ende Anzeichen, die die Jünger beachten sollen. Bei diesen Zeichen handelt es sich vor allem um Kriege, Hungersnöte und Erdbeben.

Das ist eine Antwort, die uns eher verlegen macht. Denn leider gab es ja zu allen Zeiten schreckliche Ereignisse, bei denen die Menschen dachten, das Ende der Welt stehe unmittelbar bevor. Doch dann kamen wieder friedliche und entspannte Zeiten, und der Gedanke an Jesu Wiederkunft trat mehr oder weniger in den Hintergrund. Wie können die genannten Vorkommnisse dann für die Jünger und für uns irgendeine Bedeutung haben?

»Wehen« – der Schlüssel zum Verständnis

Der Schlüssel zum Verständnis liegt meines Erachtens in der Aussage von Jesus, dass es sich dabei um den »Anfang der Wehen« handelt (Vers 8). An verschiedenen Stellen werden im Neuen Testament im Zusammenhang mit der Wiederkehr Jesu und dem Ende der Welt Bilder aus dem Bereich der menschlichen Geburt verwendet. Sie sind den Menschen aller Zeiten vertraut. So ziemlich jeder weiß schließlich, wie das vor sich geht, wenn neues Leben entsteht: Nach der Zeugung wächst das Kind über einen längeren Zeitraum heran und macht sich, je näher die Geburt rückt, immer deutlicher durch Wehen bemerkbar. Kurz vor der Geburt steigern sich die Wehen derart, dass die Frau denkt, sie seien nicht mehr auszuhalten. Und dann ist es endlich überwunden, und das neue Leben ist da!

Übertragen wir dieses Bild, so können wir festhalten: Die von Jesus genannten Vorzeichen treten in der Geschichte tatsächlich immer wieder auf. Andererseits gibt es auch Pausen, in denen sie kaum zu spüren sind. Das muss uns nicht irritieren. Wie für Wehen typisch sind die Ereignisse mal stärker, mal weniger stark. Aber je näher die Geburt rückt, desto häufiger und heftiger werden die Schmerzen. Das Bild der Wehen hilft uns somit zu verstehen, dass es sich bei Kriegen und Katastrophen tatsächlich um Vorzeichen handelt. Es sind aber eben noch nicht die letzten, wirklich schlimmen Presswehen unmittelbar vor der Geburt.

Auch Paulus benutzt das Bild der Wehen – wohl unter Bezugnahme auf Jesus –, wenn er schreibt: »Ihr wisst selbst ganz genau, dass der Tag des Herrn so unvorhergesehen kommt wie ein Dieb in der Nacht. Wenn die Menschen sagen werden: ›Alles ist ruhig und sicher‹, wird plötzlich Gottes vernichtendes Strafgericht über sie hereinbrechen, so wie die Wehen über eine schwangere Frau« (1. Thessalonicher 5,2-3). Die eigentlich spannende Frage lautet nun: Wer ist denn das »Kind«, das geboren werden soll? Und darf man das Bild überhaupt so weit auslegen?

Die Wiedergeburt der Welt

Ich war überrascht, einen Satz von Jesus zu finden, in dem er selbst genau das tut. Damit kein falscher Eindruck entsteht, will ich betonen: In der Bibel finden sich nur die Puzzleteile. Das zusammengefügte Gesamtbild stammt von mir. Aber ist der folgende Zusammenhang nicht schlüssig?

In den Evangelien wird berichtet, dass die Jünger Jesus einmal fragen, worin eigentlich der Lohn ihrer Nachfolge besteht. Am ausführlichsten wird die Antwort von Jesus bei Matthäus überliefert: »Wenn Gott die Welt erneuert und der Menschensohn auf seinem Herrscherthron Platz nimmt, dann werdet auch ihr, die ihr mir gefolgt seid, auf zwölf Thronen sitzen und über die zwölf Stämme Israels Gericht halten«. Das Thema des Lohns ist für unseren Zusammenhang nicht wichtig. Interessant ist aber, welchen Begriff Jesus verwendet, als er über die neue Welt spricht. Wörtlich heißt es dort: »Bei der Wiedergeburt (gr. *palingenesia*) der Welt werdet ihr …« (Matthäus 19, 28). Jesus gebraucht tatsächlich das Bild der Geburt, wenn er die Erschaffung der neuen Welt beschreibt. Das heißt aber auch: Gottes neue Welt ist das »Kind«, das geboren wird. Die Geburt von Bethlehem hat also Auswirkungen, die bis zur Geburt der neuen Welt reichen!

Der Herr bricht ein um Mitternacht;
jetzt ist noch alles still.
Wohl dem, der sich nun fertig macht
und ihm begegnen will.
Er hat es uns zuvor gesagt
und einen Tag bestellt;
Er kommt, wenn niemand nach ihm fragt
noch es für möglich hält.

Johann Christoph Rube (1712)

22. Kopf hoch – Augen auf – wach bleiben

Wenn ihr die ersten Anzeichen von alldem bemerkt, dann richtet euch auf und erhebt freudig den Kopf: Bald werdet ihr gerettet! (...) Seht euch vor! Lasst euch nicht vom Rausch umnebeln oder von den Alltagssorgen gefangen nehmen! Sonst werdet ihr von jenem Tag unvorbereitet überrascht wie von einer Falle, die zuschlägt. Denn er kommt plötzlich über alle, die auf der Erde leben. Bleibt wach und hört nicht auf zu beten, damit ihr alles, was noch kommen wird, durchstehen und zuversichtlich vor den Menschensohn treten könnt!

Lukas 21,28.34-36

Der Gedanke der Wiederkehr Christi ist in der Christenheit eigentlich durchaus vertraut. Schließlich wird in vielen Kirchen Sonntag für Sonntag das Apostolische Glaubensbekenntnis gesprochen, in dem es heißt: »Aufgefahren in den Himmel. Er sitzt zur Rechten Gottes. Von dort wird er kommen, zu richten die Lebenden und die Toten.«

Sind das nicht alles nur Mythen?

Tatsächlich erscheint ein wirkliches Kommen Jesu aus Gottes unsichtbarer Welt hinein in die uns bekannte sichtbare Welt jedoch unvorstellbar und mythenhaft. Das kann aber doch nur bedeuten, dass man die Pointe von Weihnachten nicht wirklich verstanden hat. Dort geht es schließlich um genau dasselbe. Andere denken vielleicht ähnlich wie die Menschen, die Petrus in seinem 2. Brief zitiert. Sie argumentieren: »Er hat doch versprochen wiederzukommen! Wo bleibt er denn? Inzwischen ist die Generation unserer Väter gestorben; aber alles ist noch so, wie es seit der Erschaffung der Welt war!« (2. Petrus 3,4). Oder aber man hält die ganzen Aussagen zum Thema Wiederkunft schlichtweg für Mythen.

Es gibt nicht wenige liberale Theologen, die meinen, man müsse die Geschichten »entmythologisieren« und dürfe sie lediglich auf das Existenz- und Glaubensverständnis hin untersuchen, das in ihnen zum Ausdruck komme. Als hätte Petrus solche Einwände des 20. Jahrhunderts vorausgesehen, schreibt er: »Wir haben uns keineswegs auf geschickt erfundene Märchen (griechisch: Mythen) gestützt, als wir euch ankündigten, dass Jesus Christus, unser Herr, wiederkommen wird, ausgestattet mit Macht. Vielmehr haben wir ihn mit eigenen Augen in der hohen Würde gesehen, in der er künftig offenbar werden soll« (2. Petrus 1,16).

Es ist wohl wahr: Seit Jahrhunderten warten Menschen auf die Wiederkehr Jesu. Immer wieder hat es Bewegungen gegeben, deren Anhänger alle irdischen Zelte abbrachen, weil nach ihrer Sicht das Ende unmittelbar bevorstand. Manche Sekten sind überhaupt nur entstanden, weil sie den Zeitpunktes der Wiederkunft Jesu berechnet haben. Dabei betont Jesus ausdrücklich, dass wir den Zeitpunkt nicht kennen – und wohl nicht kennen sollen. Nicht einmal er selbst kannte ihn – zumindest nicht in der Zeit, als er auf der Erde war (Matthäus 24,36). Stattdessen sollen wir wachsam sein und jederzeit mit seinem Erscheinen rechnen. Der »Tag des Herrn« kommt wie ein Dieb in der Nacht: plötzlich und unerwartet.

Wie in den Zeiten Noahs

Es ist auch wirklich schwierig! Einerseits sollen wir die Zeichen der Zeit beobachten. Andererseits sollen wir daraus keine allzu konkreten Schlüsse ziehen, wie spät es auf Gottes Uhr bezüglich des Endes der Welt ist. Interessant ist, dass Paulus, der die Aussagen Jesu kennt und zitiert, den Thessalonichern schreibt: »Ihr wisst selbst ganz genau, dass der Tag des Herrn so unvorhergesehen kommt wie ein Dieb in der Nacht. Wenn die Menschen sagen werden: ›Alles ist ruhig und sicher‹, wird plötzlich Gottes vernichtendes Strafgericht über sie hereinbrechen, so wie die Wehen über eine schwangere Frau« (2. Thessalonicher 5,2-3).

Auch Jesus hatte es ähnlich gesagt: »Wenn der Menschensohn kommt, wird es sein wie zur Zeit Noachs. Damals, vor der großen Flut, aßen die Menschen und tranken und heirateten, wie sie es gewohnt waren – bis zu dem Tag, an dem Noach in die Arche ging. Sie begriffen nicht, was ihnen drohte, bis dann die Flut hereinbrach und sie alle wegschwemmte. So wird es auch sein, wenn der Menschensohn kommt« (Matthäus 24,37-39). Es ist Alltag, es herrscht Normalität – so wird es zumindest die Mehrheit der Menschen empfinden.

Dumm gelaufen oder dumm gewesen?

Mir scheint, dass sich der vermeintliche Widerspruch hier auflöst. Wenn ich mir unsere Zeit, oder zumindest unsere westliche Gesellschaft, anschaue, dann kann ich mir sehr gut vorstellen, dass Menschen subjektiv das Gefühl haben, in Sicherheit und ohne Gefahr zu leben, während in Wahrheit die Katastrophe jede Sekunde über sie hereinbrechen kann. Wir sind umgeben von Szenarien des Untergangs. Man denke nur an das Arsenal der Atomwaffen, den Hass unter den Völkern, die Labilität der Weltwirtschaft oder auch an die zunehmenden Wetterextreme durch die Zerstörung der Atmosphäre. Wir sitzen nicht nur auf einem einzelnen Pulverfass, sondern wir wohnen mitten in einem ganzen Depot von Pulverfässern. Solange man sein Auskommen hat und sich am Leben freut, kann man das durchaus vergessen und verdrängen. Das Fernsehen berichtet täglich über die neusten »Wehen«, und anschließend geht es mit einer netten Unterhaltungsshow weiter. Man kann sich ja auch nicht ausschließlich mit den neusten Schreckensnachrichten beschäftigen.

Und doch müssen wir einsehen: Gerade in unserer individualistisch geprägten Zeit ist die Versuchung groß, nicht mitzubekommen, was sich hinter den Kulissen der Welt wirklich abspielt. Neben der persönlichen Ebene gibt es eine verborgene, weltgeschichtliche Linie. Weil es dabei um Gottes Handeln und das Heil der Welt geht, nennt man sie auch die »heilsgeschichtliche« Ebene. Zugegeben, sie ist uns nicht annähernd so nah wie unser privates Alltagsleben. Und doch geht sie uns nicht weniger an. Im bekannten Gleichnis von den »klugen und törichten Jungfrauen« (Matthäus 25,1-13) macht Jesus deutlich, dass man nicht aus Versehen den Anschluss an ihn verpasst, sondern indem man gedankenlos vor sich hinlebt. Für die Törichten unter den Brautjungfern ist es nicht einfach dumm gelaufen, sondern sie sind schlicht dumm gewesen, sagt Jesus.

Hellwach und sensibel

Die Anweisungen Jesu für seine Jünger haben deshalb bis heute nicht an Aktualität verloren. Es geht um einen Weitblick über den Horizont des Alltags und Meinungen hinaus. Wir dürfen uns nicht einschläfern lassen von dem, was alle tun und meinen. Wir brauchen einen Durchblick, der auch verborgene Entwicklungen wahrnimmt und von der Bibel her – mit aller Vorsicht! – deuten kann. Und sicher benötigen wir auch einen langen Atem. Mag sein, dass wir die Wiederkunft Jesu nicht erleben werden. Mag sein, dass es noch Jahrzehnte oder Jahrhunderte dauert, bis es das nächste Mal heißt: »Als die Zeit erfüllt war, sandte Gott seinen Sohn« (Galater 4,4).

Wir werden uns mit dem Leid der Menschen und dem Zerfall der Welt nicht abfinden, weil ja doch alles auf das Ende hin zuläuft. Vielmehr werden wir, so gut wir es können, Zeichen setzen, dass Gott etwas anderes möchte als das, was wir in der Welt vorfinden. Aber wir werden auch nicht daran verzweifeln, wenn wir dabei immer wieder an unsere Grenzen stoßen. Wir wissen eben auch, dass die »Wehen« von Gott zugelassen werden, weil sie notwendig zur Geburt des Neuen dazugehören. Wir sollen also hellwach sein für die Zeichen der Zeit. Und gleichzeitig wollen wir sensibel bleiben für die Menschen um uns herum.

Ohne Wehen keine Geburt

»Es muss so kommen, aber das ist noch nicht das Ende«, sagt Jesus (Matthäus 24,6). Die Jünger sollen wissen, dass »Wehen« wie Krieg und Katastrophen auch eine konstruktive Bedeutung haben. Das bedeutet keine Verherrlichung oder auch nur Verharmlosung des Krieges. Es hilft aber, besser damit umzugehen und über die aktuellen Ereignisse hinauszusehen. Aus dieser Spannung kommen wir nicht heraus.

Auch in seiner Abschiedsrede, in der Jesus über sein Weggehen und seine Wiederkehr redet, verfolgt er dieses seelsorgerliche Anliegen. Und auch dort taucht das Bild von der Geburt auf. Er tröstet seine Jünger mit den Worten: »Wenn eine Frau ein Kind zur Welt bringt, erleidet sie Angst und Schmerzen; aber wenn das Kind geboren ist, denkt sie nicht mehr daran, was sie ausgestanden hat, und ist nur noch glücklich, dass ein Mensch zur Welt gekommen ist. So wird es auch mit euch sein: Jetzt seid ihr voll Angst und Trauer. Aber ich werde euch wiedersehen. Dann wird euer Herz voll Freude sein, und diese Freude kann euch niemand nehmen« (Johannes 16,21-22).

Seit Weihnachten hat die Weltgeschichte ein neues Gefälle: hin zu ihrem schrecklichen Ende – ja, das stimmt. Aber wichtiger noch: über dieses Ende hinaus – hinein in eine wunderbare Zukunft.

Er wird nun bald erscheinen in seiner Herrlichkeit
und all eu'r Klag und Weinen verwandeln ganz in Freud.
Er ist's der helfen kann; halt' eure Lampen fertig
und seid stets sein gewärtig, er ist schon auf der Bahn.

Michael Schirmer (1640)

23. Die größte Systemumstellung aller Zeiten

Dann sah ich einen neuen Himmel und eine neue Erde. Der erste Himmel und die erste Erde waren verschwunden und das Meer war nicht mehr da. Ich sah, wie die Heilige Stadt, das neue Jerusalem, von Gott aus dem Himmel herabkam. Sie war festlich geschmückt wie eine Braut für ihren Bräutigam. Und vom Thron her hörte ich eine starke Stimme rufen: »Dies ist die Wohnstätte Gottes bei den Menschen! Er wird bei ihnen wohnen, und sie werden seine Völker sein. Gott selbst wird als ihr Gott bei ihnen sein. Er wird alle ihre Tränen abwischen. Es wird keinen Tod mehr geben und keine Traurigkeit, keine Klage und keine Quälerei mehr. Was einmal war, ist für immer vorbei.« Dann sagte der, der auf dem Thron saß: »Gebt Acht, jetzt mache ich alles neu!« Zu mir sagte er: »Schreib dieses Wort auf, denn es ist wahr und zuverlässig.«

Offenbarung 21,1-7

In den letzten beiden Kapiteln sind wir weit über das hinausgegangen, was man allgemein mit Weihnachten verbindet. Ich hoffe aber, es ist deutlich geworden, dass diese letzten Fragen sehr wohl ihren Ursprung im Stall von Bethlehem haben. Lassen Sie mich noch einmal das Gesamtbild zeichnen und den großen Zusammenhang aufzeigen, in dem Weihnachten steht.

Mit Weihnachten fängt alles an

Auf ihren ersten Seiten berichtet die Bibel vom Paradies. Auf den letzten Seiten geht es um die neue Welt Gottes. In der Mitte der Zeit gibt es ein entscheidendes Ereignis: Weihnachten, die Geburt von Gottes Sohn. Sie ist der Wendepunkt in der Geschichte Gottes mit der Menschheit. Natürlich gehört das gesamte Wirken von Jesus dazu, insbesondere das Kreuz und die Auferstehung. Aber mit Weihnachten fängt alles an. Die Zeit ist erfüllt; die Stunde X ist da. Von nun an ist es wieder möglich, in einer unbeschwerten Beziehung als Gottes Kind zu leben (Galater 4,4-5). Im Neuen Testament gibt es einen Begriff, der uns die gesamte Linie verstehen lässt: das »Reich Gottes«.

Das Paradies am Anfang und die neue Welt am Ende sind wie Spiegelbilder. Das Paradies ist das ursprüngliche, leider zerstörte und verlorengegangene Reich Gottes. Die neue Welt hingegen ist das wiederhergestellte, neu geschaffene und vollendete Reich Gottes. Auch wenn der Begriff erst im Neuen Testament auftaucht, kann man doch sagen, dass im Kern und der Sache nach das Gleiche gemeint ist: Gott ist Herr und sorgt für sein Volk. Sein Wille gilt und wird von Menschen, die ihn lieben und ehren, gerne befolgt. Das Reich Gottes oder das Himmelreich, wie es auch genannt wird, ist der rote Faden von der ersten bis zur letzten Seite der Bibel. Und es ist auch der Kern und Generalnenner der gesamten Verkündigung und des Wirkens von Jesus (Matthäus 4,17). Auch Johannes der Täufer hatte bereits genau dieselbe Botschaft (Matthäus 3,2). Sie lautet in der Lutherbibel: »Tut Buße, denn das Himmelreich ist nahe herbeigekommen!« Das meint: Das Reich Gottes steht erstmals seit der Vertreibung aus dem Paradies wieder offen. Es ist angebrochen und damit zugänglich geworden.

Paradies und neue Welt

Jesus selbst verknüpft an mindestens zwei Stellen das Reich Gottes mit dem Paradies bzw. der neuen Welt. Die erste begegnet uns bei der Einsetzung des Abendmahls. Gleich zweimal sagt Jesus seinen Jüngern etwas, das weit über unsere Zeit hinausgeht: »Ich sage euch, dass ich dies Passa nicht mehr essen werde, bis es erfüllt wird im Reich Gottes (...) Ich werde von nun an nicht mehr von der Frucht des Weinstocks trinken, bis das Reich Gottes kommt« (Lukas 22,16.18). In Offenbarung 19,7-9 können wir nachlesen, wie das aussieht. Dort wird das beim Abendmahl angekündigte neue Fest beschrieben. Es ist ein Fest Jesu mit seiner Gemeinde, das »Hochzeitsmahl des Lammes und seiner Braut«, wie es in der Bildersprache der Offenbarung heißt. Nun ist es erfüllt: Das Reich Gottes hat sich endgültig durchgesetzt – in der neuen Welt.

Die zweite Verknüpfung findet sich in dem Gespräch zwischen Jesus und dem Verbrecher am Kreuz neben ihm (Lukas 23,42-43). Der Mann hatte Jesus gebeten, er möge an ihn denken, wenn er in sein Reich komme. Und Jesus hatte die Erfüllung dieser Bitte mit den Worten zugesagt: »Heute noch wirst du mit mir im Paradies sein.« Im Paradies zu sein und im Jenseits zu leben bedeutet also, im Reich Gottes anzukommen. Interessant ist auch Offenbarung 2,7, wo der Baum des Lebens aus dem Paradies als Bestandteil der neuen Welt beschrieben wird.

Der rote Faden durch die Bibel

Weil das Reich Gottes der rote Faden ist, der die gesamte Bibel durchzieht, verwundert es nicht, dass er auch mit allen Aspekten des Lebens und Wirkens von Jesus zu tun hat. Machen wir uns die große Linie klar:

- Jesu Wunder, insbesondere die Dämonenaustreibungen, sind Hinweise darauf, dass das Reich Gottes durch ihn gegenwärtig ist (Matthäus 12,28).
- Jesu Predigt ist vor allem eine Einladung ins Reich Gottes (Matthäus 18,3).
- Jesu Sterben verschafft uns die Zutrittsberechtigung zum Reich Gottes (Offenbarung 19,8).
- Jesu Auferstehung und sein neuer Leib sind ein Vorgeschmack auf die Vollendung des Reiches Gottes (Römer 8, 23).
- Jesu Wiederkunft führt zur Vollendung des Reiches Gottes (1. Korinther 15,24).
- Jesu Geburt aber, also Weihnachten, ist der Anbruch des wieder offenen Reiches Gottes – wir würden heute vielleicht von der »Neueröffnung« sprechen.

Jenseits und Geist statt Diesseits und Materie

In unserer schnelllebigen Zeit müssen wir uns immer wieder auf Veränderungen einstellen. Kaufhäuser, die sich nicht rechtzeitig auf die Konkurrenz durch das Internet eingestellt und ihre Vertriebskanäle angepasst haben, verschwinden vom Markt. Das gilt aber auch für das menschliche Miteinander. Computer, Tablets und Smartphones verändern die Kommunikation und unser Freizeitverhalten. Die Rolle von Mann und Frau, das Bild von Familie, die Voraussetzungen für Erfolg im Beruf und vieles mehr haben sich innerhalb einer Generation in einem Maß gewandelt wie früher in Jahrhunderten. Die größte Systemumstellung aller Zeiten aber steht uns noch bevor. Sie geschieht dann, wenn Jesus wiederkehrt und die neue Welt beginnt.

Es wird eine Umstellung sein von Diesseits auf Jenseits und von Materie auf Geist. Die neue Welt wird nicht mehr vom Stoff dieser Welt sein, und die uns heute bestimmenden Regeln der Physik werden dort nicht mehr gelten. Die Menschen werden einen neuen Leib haben, der ganz anders funktioniert als der uns vertraute, mit dem wir schon so viele Jahre unterwegs sind. Paulus gebraucht für die Auferstehung der Toten und den neuen Leib das Bild vom Säen und Aufgehen eines Samens. Er schreibt: »Es wird gesät verweslich und wird auferstehen unverweslich. Es wird gesät in Niedrigkeit und wird auferstehen in Herrlichkeit. Es wird gesät in Armseligkeit und wird auferstehen in Kraft. Es wird gesät ein natürlicher Leib und wird auferstehen ein geistlicher Leib. Gibt es einen natürlichen Leib, so gibt es auch einen geistlichen Leib« (1. Korinther 15,42-44; LUT).

Nur Gottes Wille zählt jetzt noch

Es wird umgestellt werden von menschlicher Herrschaft auf die Herrschaft Gottes. Was wir im Vaterunser-Gebet heute noch erbitten, wird dann in Erfüllung gegangen sein: »Dein Reich komme, dein Wille geschehe, wie im Himmel so auf Erden.« In der neuen Welt Gottes zählt nur noch, was Gott für richtig hält. Sein Wille wird geschehen und sonst nichts. Auch die Meinung, die Menschen von Jesus haben, interessiert nicht mehr. Gott schafft Fakten, und alles andere ist belanglos. »Vor Jesus müssen alle auf die Knie fallen – alle, die im Himmel sind, auf der Erde und unter der Erde; alle müssen feierlich bekennen: ›Jesus Christus ist der Herr!‹ Und so wird Gott, der Vater, geehrt« (Philipper 2, 10-11).

Was man nicht verschweigen darf, ist die Umstellung von Gnade auf Gericht. Noch ist es möglich, auf Gottes Liebe zu reagieren und die Brücke, die Jesus darstellt, zu betreten, um in Gottes Nähe zu gelangen. Nach dem zweiten Weihnachten aber gibt es das »Jüngste Gericht«, und niemand anderes als Christus wird der Richter sein (Johannes 5,27-29). Spätestens dort wird deutlich werden, was wir aus Weihnachten, der freundlichen Zuwendung Gottes, gemacht haben.

Freude statt Tränen

Mit zum Erfreulichsten für uns wird die Umstellung von Glauben auf Schauen gehören. Wir leiden ja heute noch sehr darunter, dass Gottes Herrlichkeit und Machtfülle oft so verborgen sind. Aber in der neuen Welt Gottes werden wir keine Zweifel und Fragen mehr haben. Stattdessen sind wir ganz nah bei Gott und können unmittelbar erleben, wer er ist und wie er ist. Auch Jesus werden wir endlich persönlich kennenlernen. Johannes schreibt: »Ihr Lieben, wir sind schon Kinder Gottes. Was wir einmal sein werden, ist jetzt noch nicht sichtbar. Aber wir wissen, wenn es offenbar wird, werden wir Gott ähnlich sein; denn wir werden ihn sehen, wie er wirklich ist« (1. Johannesbrief 3,2).

Die wichtigste Veränderung aber ist die Umstellung von Tränen auf Freude. Es ist wohl wahr: Wir werden mit Tränen bei Gott ankommen. In dieser alten Welt hat niemand das Weinen beenden können. Aber jetzt, in der Nähe Gottes, ist das endgültig vorbei. Er selbst wird uns die letzten Tränen abwischen, die uns noch an das Alte erinnern wollen. Aber – so unvorstellbar das heute auch ist – Unrecht, Verfolgung, Krankheit und Schmerzen, jede Form von Leiden haben dort keinen Platz mehr. Nie mehr. Noch seufzt die ganze Schöpfung, schreibt Paulus, und leidet unter Naturkatastrophen und solchen, die der Mensch selbst produziert, unter Umweltzerstörung, Erderwärmung und vielem mehr (Römer 8,19-22). Auch das ist vorbei. Alles ist neu geworden. Gott ist mit uns und seiner Welt am Ziel. Sein Plan, der mit der Geburt von Jesus begann, ist aufgegangen.

Er kommt zum Weltgerichte:
zum Fluch dem, der ihm flucht,
mit Gnad und süßem Lichte
dem, der ihn liebt und sucht.
Ach komm, ach komm, o Sonne,
und hol uns allzumal
zum ew'gen Licht und Wonne
in deinen Freudensaal.

Paul Gerhardt (1653)

24. Platz für alle in der Herberge

Im Haus meines Vaters gibt es viele Wohnungen, und ich gehe jetzt hin, um dort einen Platz für euch bereit zu machen. (…) Und wenn ich gegangen bin und euch den Platz bereitet habe, dann werde ich zurückkommen und euch zu mir nehmen, damit auch ihr seid, wo ich bin.

Johannes 14,2-3

Die schwierige Quartiersuche gehört so fest zur Weihnachtsgeschichte wie die Hirten auf dem Feld und der Lobgesang der Engel. »In der Herberge hatten sie keinen Platz gefunden« (Lukas 2,7). Dabei scheint er nur eine Nebensächlichkeit zu beschreiben. Oder doch nicht?

Zeig mir deine Wohnung

Die Frage nach der passenden Wohnung ist keineswegs eine Bagatelle. Wir brauchen ein Umfeld, das uns gemäß ist und in dem wir uns entfalten können. Nicht willkommen zu sein, keine Heimat, kein Zuhause zu haben, reißt uns den Boden unter den Füßen weg. Wer schon einmal mit Vertriebenen, Flüchtlingen oder auch Obdachlosen gesprochen hat, weiß, wie schlimm das ist. Jesus kennt das. Sein erstes Quartier war alles andere als eine »erste Adresse«. Und kurz nach der Geburt müssen seine Eltern mit ihm nach Ägypten fliehen. Jesus war Flüchtling. Er hat am eigenen Leib erlebt, was es heißt, keine Wohnung zu haben.

Unsere Wohnung ist ein Spiegel unserer Persönlichkeit. Sachorientierte Menschen haben andere Wohnzimmer als beziehungsorientierte. Lassen wir Freiräume für Weite und Kreativität, oder haben wir die Stellflächen optimiert und verdichtet? Prägen eher Erinnerungsstücke oder innovative Technik das Wohnzimmer? Betrachten wir Dekoartikel als Staubfänger oder als Seele unserer Einrichtung? All dies sind wahrhaftig keine Äußerlichkeiten, sondern Ausdruck unserer Werte und unseres Wesens. Deshalb investieren wir so viel in die Gestaltung unserer Wohnung. Und doch kann sie aus Holz und Stein nur sehr begrenzt den Raum schaffen, in dem unsere Seele sich zu Hause fühlt. Unsere Sehnsucht sitzt tiefer, als dass wir sie mit Geld und gutem Geschmack stillen könnten.

Vertrieben und heimatlos

Die eigentliche Frage lautet: Wo findet der Mensch den Lebensraum, für den er geschaffen ist? Wie wird die Welt für ihn zu einem echten Zuhause? Seit dem Sündenfall ist der Mensch aus dem Paradies vertrieben und hat keine ihm gemäße Wohnung mehr. Nicht nur die heile Welt fehlt ihm, vor allem ist die enge Wohngemeinschaft mit Gott beendet. Drastisch wie in einem modernen Science-Fiction-Film schildert das 1. Buch Mose, wie die »Cherubim mit dem flammenden, blitzenden Schwert« die Rückkehr in die verlorengegangene Heimat verhindern (3,24; LUT). Der Mensch muss ab jetzt ohne den Lebensraum, der ihm zugedacht war und der ihm gemäß wäre, zurechtkommen.

Schon bald zeigt sich, dass der Schaden noch tiefer sitzt. Nachdem der Schutzraum des Paradieses verlassen ist, wird Kain zum Brudermord fähig. Seine Strafe besteht in nochmals verschärfter Heimatlosigkeit. »Unstet und flüchtig sollst du sein auf Erden«, lautet Gottes Urteil (1. Mose 4,12: LUT). Und Kain weiß, was das bedeutet: »Meine Strafe ist zu schwer, als dass ich sie tragen könnte« (Vers 13). Mit dieser Einschätzung hat er zweifellos recht.

Die himmlische Wohnung verlassen

Auch Jesus hat einen Ort, wo er zu Hause ist, wo alles zu ihm passt und ihm entspricht: den Himmel. Dort ist seine Wohnung, und dort, in der Welt Gottes, spiegelt sich auch sein Wesen wider – Reinheit, Sündlosigkeit, Zentriertheit auf Gott. Aber eben dieses Zuhause verlässt er und begibt sich in unsere Welt, die der seinen in ihren Einrichtungen und Werten diametral entgegensteht. Nein, wirklich zu Hause wird er hier nie sein. »Die Füchse haben ihren Bau und die Vögel ihr Nest; aber der Menschensohn hat keinen Platz, wo er sich hinlegen und ausruhen kann« (Matthäus 8,20). So wird er seine Situation den Jüngern gegenüber später einmal beschreiben. Auf diesem Hintergrund wirkt die improvisierte Herbergssuche in Bethlehem geradezu als Muster für sein späteres Leben.

Warum tut er sich das an? Warum verlässt er die Wohnung beim Vater und nimmt dieses unstete Leben auf der Erde auf sich? Er tut es aus Liebe und Solidarität mit uns Menschen. Er nimmt die Heimatlosigkeit auf sich, damit wir Heimat finden. Seine Botschaft lautet: Gott will die Menschen wieder dicht bei sich haben und bei sich wohnen lassen. Das Reich Gottes ist etwas Nahes und Zugängliches geworden. In Jesus hat Gott selbst den entscheidenden Schritt auf uns zu gemacht und sich mitten unter uns niedergelassen.

Mehr als drei Jahre Männer-WG?

»Er, das Wort, wurde ein Mensch, ein wirklicher Mensch von Fleisch und Blut« (Johannes 1,14). So beschreibt und bewertet Johannes die Geburt von Bethlehem. Was nach außen wie eine ziemlich improvisierte Wohnungssuche aussieht, bedeutet in Wahrheit, dass die Herrlichkeit und Schöpferkraft Gottes sich in Jesus auf der Erde eine Wohnung nimmt. Eine wunderbare Zeit beginnt für diejenigen, die sich darauf einlassen und mit Jesus für drei Jahre eine Wohn- und Lebensgemeinschaft bilden. Aber hat sich dadurch auf der Erde wirklich nachhaltig etwas verändert? Und ist die Wohngemeinschaft nur auf einen kleinen auserwählten Kreis beschränkt? Als Jesus sich von seinen Jüngern verabschiedet und ihre WG vor der Auflösung steht, bewegt sie natürlich die Frage, wie es in Zukunft weitergeht.

Jesus hinterlässt ihnen einen doppelten Trost. Er selbst wie auch der Vater werden durch den Heiligen Geist zu ihnen, ja mehr noch: in sie hineinkommen und Wohnung bei ihnen nehmen (Johannes 14,23). Das Paradies wird nicht wieder verschlossen. Im Gegenteil. Der Engel Gottes wird den Zugang nicht weiterhin versperren, sondern Gottes

Geist den Zugang offen halten. Noch gewaltiger aber ist eine zweite Perspektive, die über das irdische Leben hinausgeht: »Im Haus meines Vaters gibt es viele Wohnungen, und ich gehe jetzt hin, um dort einen Platz für euch bereitzumachen« (Johannes 14,2).

Endlich ein Zuhause

Es ging also nicht nur um ein paar gute Jahre an der Seite von Jesus, sondern um viel mehr: um die ewige Wohngemeinschaft mit dem Vater, so wie sie Jesus vor und nach seiner eigenen Zeit auf der Erde gelebt hat und weiter lebt. Jesus ist eben nicht das Ziel, sondern er ist der Weg. Der Weg zum Vater (Johannes 14,6). Das Ziel ist nichts Geringeres als der Vater und die Wohngemeinschaft mit ihm. Mit diesem Schlussbild endet dann auch die Bibel, wenn sie uns die Offenbarung mit dem neuen Jerusalem das Ziel aller Bemühungen Gottes schildert: »Dies ist die Wohnstätte Gottes bei den Menschen! Er wird bei ihnen wohnen, und sie werden seine Völker sein. Gott selbst wird als ihr Gott bei ihnen sein« (Offenbarung 21,3).

Wer das ernst nimmt, freut sich auf die neue Heimat bei Gott (Philipper 3,20). Und auf diesem Hintergrund kann er es auch ertragen, wenn die irdischen Wohn- und Sozialverhältnisse nicht gar so gemütlich sind. Was uns jetzt noch fremd ist, wird uns dann zum Zuhause – und das für alle Zeit. Und niemandem, der dorthin möchte, wird gesagt werden, dass für ihn kein Platz in der Herberge sei.

Dafür hat Jesus gesorgt. Deswegen ist er in die Welt gekommen. Aus diesem Grund ist es Weihnachten geworden. Herzlichen Glückwunsch dazu! Oder auch: Fröhliche und gesegnete Weihnachten!

Mein Heimat ist dort droben, da aller Engel Schar
den großen Herrscher loben, der alles ganz und gar
in seinen Händen träget und für und für erhält,
auch alles hebt und leget, wie es ihm wohlgefällt.

Paul Gerhardt (1666)